当代世界德育名家译丛
杨晓慧　主编

Thomas Ehrlich
托马斯·欧利希
文集

国际危机与法律的作用

塞浦路斯 1958—1967

Thomas Ehrlich

[美]托马斯·欧利希 | 著

王小林　云薇笑 | 译

生活·讀書·新知 三联书店

Simplified Chinese Copyright © 2024 by SDX Joint Publishing Company.
All Rights Reserved.
本作品简体中文版权由生活·读书·新知三联书店所有。
未经许可,不得翻印。

图书在版编目(CIP)数据

托马斯·欧利希文集／(美)托马斯·欧利希主编；
王小林等译. —北京：生活·读书·新知三联书店，
2024.7
 ISBN 978-7-108-07520-8

Ⅰ.①托… Ⅱ.①托…②王… Ⅲ.①社会科学—文集 Ⅳ.①C53

中国版本图书馆 CIP 数据核字(2022)第 182153 号

总　序

一

马克思说:"一个时代的迫切问题,有着和任何在内容上有根据的因而也是合理的问题共同的命运:主要的困难不是答案,而是问题。"比较思想政治教育的兴起既是世界多极化、经济全球化、社会信息化与文化多样化背景下的必然之举,也是学科发展到一定阶段进行观念反思与议题创新的应然选择。

历史从哪里开始,思想进程也应当从哪里开始。和平与发展是当今时代的主题,世界多极化不可逆转,经济全球化深入发展,综合国力竞争日趋激烈。实现中华民族伟大复兴是近代以来中华民族最伟大的梦想,随着中国特色社会主义逐渐迈入新时代,社会矛盾发生深刻变化,提出并推进人类命运共同体思想是在新时代的历史方位中实现中国梦的战略需要。通过挖掘和利用国际合作与交流工作的基础性、前瞻性和引领性的潜力和特点,努力加快宽领域、高层次国际合作与交流步伐。

思想政治教育理应与时代同行,与实践同行,思时代之所思、问时代之所问、急时代之所急,并在最新的实践命题中提取理论命题,在最新的社会实践中检验理论生命力。值此百年未有之大变局,思想政治教育需要从本学科视角出发审视时局并明确自身的使命担当。加强对学生思想政治教育的重视,是立足于新时代教育对学生德育教育的重视的教育内容,是学生成长和发展的重要基础。对于学校而言,思想政治教育的有效开展是促进学校教育改革的重要方式;对于国家及社会的发展而言,思想政治教育有利于保障人才培养的品德修养,是培养德才兼具型人才的重要教育内容;对于学生自身而言,思想政治教育是保障其符合新时代社会发展需求的重要方式,是促进其身心健康、持续发展的重要保障。

拥有宽广的国际视野,对思想政治教育研究者和工作者来说,是不可逆转的发展要求,也是比较思想政治教育在新的发展态势下找准生长点、走特色人才培养道路的必然选择。在对外人文交流中确立比较思想政治教育研究的角色既是实践经验的总结,也是发展模式的探索。开展国际间思想政治教育比较研究对于认识和把握人类社会发展规律具有重大意义,可以指导人们更好地进行社会实践活动;比较的目的在于辨别事物的异同关系,谋求背后的一般规律,以服务于社会现实需要;进行比较要以共同点为前提,立足各国事实情况,不能回避和掩饰问题的实质;在具体的比较过程中,既要以联系的眼光综合运用纵向比较与横向比较,又要以整体性思维处理好比较中的整体与部分、一般与特殊的关系。

二

思想政治教育学是一门研究思想政治教育现象、问题并揭示思想政治教育规律的科学。在这个"历史向世界历史转变"的时代,只有通过比较的研究方法对思想政治教育研究进行时间与空间双重维度的拓展,深入解析不同历史时间和空间地域下的思想政治教育实践的具体样态及其生成发展规律,才有可能深刻把握思想政治教育演变发展的一般规律,为思想政治教育创新发展提供理论基点,探寻现实进路。

党的十八大以来,思想政治教育理论研究与实践创新取得很大成绩。但随着国际形势深刻变化和国内经济社会发展,新情况新问题新挑战层出不穷。思想政治教育要跟上形势变化、更好发挥作用,必须强化人本意识、问题意识、实践意识,不断开拓创新。思想政治教育比较研究的价值追求不止于寻找异同,更在于透过现象看到其背后蕴含的本质性规律,深入理解、借鉴和反思世界各国思想政治教育实践活动。思想政治教育的比较研究进行得越是深刻和精准,我们越能接近思想政治教育的本质规律。以深入开展思想政治教育比较研究为主要切入点,我们亟待提升以"比较思维"为核心的思想政治教育研究格局,超越单一视域的思维阈限,拓宽传统思想政治教育学的认识边界,进一步强化思想政治教育在理论上的学理性和在实践上的适用性。

思想政治教育学自1984年确立以来,其主干学科逐渐由"三足鼎立"(原理、历史、方法)的结构体系演变为"四维驱动"(原理、历史、方法、比较)的发展态势。为了使国际比较研究与其他基础理论研究形成正反馈机制,就必须更加全面、深刻、科学、高效地借鉴。基于此,根据学界业已形成的丰富成果与思想观点,从认识论与方法论的视角体察探究思想政治教育国际比较的借鉴问题就显得至关重要。只有积累了一定的国别研究成果和比较研究成果，才能进一步探讨借鉴问题。当比较思想政治教育学科发展到一定阶段后，只有探明借鉴问题，才能更好地展现出其对于促进思想政治教育学科议题创新与观念反思的重大价值。在对外人文交流中确立比较思想政治教育研究的角色既是实践经验的总结，也是发展模式的探索。

总之，无论是从时代背景、文化背景，还是学科背景出发，思想政治教育国际比较的借鉴问题研究都势在必行。

三

我国比较思想政治教育兴起于20世纪80年代中后期。经过多年的建设，比较思想政治教育的发展已经初具规模。2016年5月17日，习近平在哲学社会科学工作座谈会上指出："观察当代中国哲学社会科学，需要有一个宽广的视角，需要放到世界和我国发展大历史中去看。"2019年3月18日，习近平在学校思想政治理论课教师座谈会上又强调，教师的视野要广，包括知识视野、国际视野、历史视野，要能够通过生动、深入、具体的纵横比较，把一些道理讲明白、讲清楚。拥有宽广的国际视野，对思想政治教育研究者和工作者来说，是不可逆转的发展要求，也是比较思想政治教育在新的发展态势下找准"生长点"、走特色人才培养之路的必然选择。比较思想政治教育学的研究成果丰硕，包括著作译介、事实描述、要素比较与因果分析，对于比较后借鉴的可能、立场、内容与方略等问题的研究则显得相形见绌。

新时代背景下，开展思想政治教育比较研究具有很强的指导意义，同时也极具挑战。首先，"比较"应当甚至必须作为一种科学的研究方法,应用于哲学社会科学和自然科学研究领域之中。其次,"比较"不仅是一种具体的研究方法,还具有重要的方法论意义。比较研究为人们分析不同历史时代和不同社会的意识形态及其教育提供了科学的认识工具。最后,"比较"更是一种思维方式,这种思维方式理应贯通于整个思想政治教育研究的过程之中。"比较"不单从方法工具层面,更是从思维方式层面赋予了思想政治教育比较研究重要的价值意蕴。

从思想政治教育的时代背景和学科立场出发,我们精选国外思想政治教育相关领域较具权威性、代表性、前沿性的力作,推出了具有较高研究价值与应用价值的系列翻译作品——《当代世界德育名家译丛》(以下简称"译丛")。该译丛是东北师范大学思想政治教育研究中心(以下简称"中心")推出的"比较思想政治教育研究"系列成果之一。我们秉承"以我为主、批判借鉴、交流对话"的基本原则,"聚全球英才、育创新团队、塑国际形象"的建设理念,对国外著名学者的研究成果进行了深度透视与全面把握,意在拓展原有论域,进一步深化学术研究、强化学科建设、服务国家需要。

译丛作品的原作者均在全球范围内享有学术盛誉,具有深厚的理论功底和丰富的实践经验,将这些国外德育名家的研究成果集中翻译并结集出版,高度体现了中心以全局性、世界性的眼光认识问题,致力于推动人文社会科学研究的范式创新与人文社会科学的繁荣发展。

译丛主要面向四大读者群:一是教育学、政治学、社会学、思想政治教育学等领域的科研工作者,二是教育主管部门决策者、高校辅导员、政府相关部门等行政人员,三是思想政治教育、道德教育、比较教育等相关专业的本科生与研究生，四是广大对相关主题感兴趣的学者、教师，以及社会各界人士。

译丛在翻译过程中特别注意原作者真实观点的阐释，同时立足于马克思主义根本立场、观点和方法，坚持中国特色社会主义道路的行动指南，对所选书目及其内容进行甄别。译丛在翻译过程中，由于需努力精准呈现原作者的思想，难免涉及国外的价值取向和意识形态，请所有读者在研习的过程中加以辨别，批判性地进行阅读和思考。

杨晓慧
2024 年 1 月于长春

中文版前言

一

1979年1月1日,中美建立外交关系,这一天对两国来说都是一个重要的日子。当时我在吉米·卡特总统领导下的政府工作,负责直接与总统对接美国的双边和多边对外援助政策。担任这一职务时,我并没有涉足中美关系,但我确实亲身体会到了卡特总统是一位多么杰出的领袖,特别是他在外交领域的作为。

在任期间,我访问了非洲、亚洲、拉丁美洲和南美洲的许多发展中国家。在访问过程中,我看到中美两国为了改善贫困人民生活,特别是在农业、粮食、能源、卫生和人口等领域所做的诸多努力。

我记得曾经在其中几次访问中设想过,如果中美两国能够开展合作,对发展中国家的贫困人民会有多大帮助。多亏了邓小平先生和吉米·卡特总统的领导,两国才走向了合作之路,我衷心希望今后两国之间的关系能够更加牢固。

1985年,在中美两国建交六年后,我和妻子埃伦访问了中国,出席上海交通大学和宾夕法尼亚大学的一个联合项目的庆祝仪式。在那次访问中,我们看到了中国是一个多么了不起的国家,包括它的规模、人口、经济以及历经几千年历史的文化。

二

在我第一次访问中国之后的几年里,中国逐渐在世界舞台上占据一席之地。当我和女儿伊丽莎白再次访问中国时,看到了中国取得非凡进步的有力证据。这次我是应东北师范大学校长的邀请,前来与生活·读书·新知三联书店签订协议,出版我在过去几十年里撰写、合著或编著的 11 本书,所有这些书都将被翻译成中文。主导这件事的是博学而亲切的蒋菲教授,她是东北师范大学思想政治教育研究中心道德与公民教育比较研究室的主任。

这 11 本书,连同几十篇文章,承载了我一生在诸多领域的学术研究成果,也反映了我在四所高校担任行政人员和教师以及在美国政府担任四个职位的多年经验。

我一生中担任过 14 个不同的职位,我妻子开玩笑地说我工作永远做不长久。我的第一份工作是担任勒尼德·汉德法官的书记员,他后来被公认为是美国在世最伟大的法官。当时汉德法官已经八十七岁,和我写这篇序言时同龄。他是一位极富经验的法官,在法官的岗位上工作了五十年,同时也是我的良师。

在担任汉德法官的书记员后,我曾短暂地从事过法律工作,因为我认为在担任法律专业教师前,最好先了解一下律师的日常工作,这也是我自己一直想做的事。但在从事法律工作不到两年之后,我认识的一位前哈佛法学院的法学教授艾布拉姆·查耶斯邀请我加入约翰·F. 肯尼迪政府。查耶斯教授是当时的国务院法律顾问,是我的另一位优秀导师,我们后来共同编写了一本关于国际法的三卷本著作,主要是根据我们在肯尼迪政府和后来在林登·约翰逊政府的经历撰写的。

查耶斯教授回到哈佛大学后,我和副国务卿乔治·W.鲍尔一起工作,他是我的另一位宝贵导师。像汉德法官和查耶斯教授一样,鲍尔先生向我传授了有关公共服务的宝贵经验,这些经验到现在仍使我受益匪浅,也引领我将公共服务视为一项崇高的使命。

幸运的是,斯坦福大学法学院邀请我做教师,讲授国际法,我不假思索地接受了,因为学校为我提供了我正想要的教学和写作的机会。五年后,我被选为学院院长。在任期间,我发现自己对一样事物十分享受,我称其为"制度架构"——有机会成为一个机构的领袖并使其发展壮大,且在机构中工作的人们可以得到所需的支持,以充分发挥其能力。

作为一名院长,我观察了美国各地法律服务的提供情况,发现在美国有相当一部分人在需要民事法律救助时孤立无援。杰拉尔德·福特任总统期间,美国正在组建一个新的政府实体——法律服务公司,我被选中担任这个机构的负责人。在这个职位上,我有机会学到了一门重要课程——领导力。与我做院长时一样,这份工作同时也让我了解到了美国贫困人口现状的严峻形势。为卡特总统工作的这几年,让我从全球视角进一步丰富了自己的经验,这有助于我理解发展中国家的严重贫困问题。

这些经历使我确信,我想为领导一所高校贡献力量。宾夕法尼亚大学给了我这个机会,校方选聘我为教务长,即首席学术官。这个职位让我了解到了一所优秀的大学是如何对教学、研究和服务提供支持的。在工作中,我也致力于培养学生具备公民参与所需的能力，这一承诺在我之后担任的职位上一直延续着。

在宾西法尼亚大学工作多年后，我开始意识到，如果有机会，我想领导一所著名的公立大学。当我被聘为印第安纳大学校长时，这个机会来了。印第安纳大学有8个校区，有超过10万名学生，其中位于印第安纳州布卢明顿的主校区有4.3万人。幸运的是，布卢明顿校区有一个规模巨大的亚洲研究项目，使我对中国及其邻国有了进一步了解。

在我担任印第安纳大学校长时，乔治·H. W. 布什总统选择我作为委员会成员加入一个临时的政府实体——国家和社区服务委员会，主要负责为美国所有年龄段的公民参与他们社区的公民工作提供支持。

后来我成为该委员会的主席，并帮助威廉·克林顿总统的政府制定法律。我在该委员会工作之余，又建立一个永久性的新政府组织——国家和社区服务公司。迄今为止，国家和社区服务公司最大的项目"美国志愿队"，每年在全美21 000多个地点招募约75 000名男女公职人员参与公共服务。我在这个组织的委员会工作了八年，这份工作进一步加强了我鼓励每一个美国人参与公共服务的决心，无论是作为一份职业还是作为业余爱好。

我和妻子于1995年返回加州，我以杰出学者的身份在加州大学系统任教了五年，还帮助完善了该系统所有23个校区的社区服务学习项目。长期以来，我一直大力倡导将学术学习与社区服务联系起来的课程，如果能把这门课讲好，学术学习和社区服务都会得到加强。我在一个名为"校园契约"的全球性协会担任领导职务，并协助创立了另一个协会——美国民主项目。这两个项目都注重教育大学生积极参与公民活动，以改善其所处的社区。服务学习课程是这类教育的主要组成部分。

由安德鲁·卡内基创立的卡内基教学促进基金会于1997年迁入斯坦福大学校园,我以资深学者的身份加入了这一组织,并获得了与一群亲密的同事一起撰写学术书籍和文章所需的支持。

最后,在卡内基基金会度过了11年美好的时光后,在这个系列的第6本书出版时,我回到了斯坦福大学。这次是在教育研究生院任职,在这里我讲授高等教育领导与管理、高等教育中的教与学、慈善事业、美国民主等课程。我还为许多学生提供了咨询,包括一些中国学生。其中一个学生是我上一本书《公民工作,公民经验》的合著者,她的父母来自中国,但是她出生在美国。这本书在蒋菲教授的帮助下译成中文,并由该系列图书的出版社出版。

三

我坚信美国"公共参与奖学金"的重要性,这是一项学术工作,直接关系到未来公共政策和实践的形成,或对过去公共政策和实践的理解,包括教育学生具备在了解这些政策、参与这些实践中需要的知识、技能和素质。

我所有的书都在试图帮助美国政府决策者及其工作人员,或大学政策制定者及其教师和学生。这些书也反映了我在美国政府和三所不同大学——我先后成为院长、教务长、校长的大学里——收获的经验和见解。

这些书分为四大类。首先,有两本书是关于国际法的影响,其中包括我从美国国务院的职业生涯和斯坦福法学院的教学经历中获得的见解。第二,有两本书是关于法律教育的,借鉴了我在斯坦福法学院担任院长的经验。第三,有三本书是关于高等教育的,反映了我在大学教学和管理方面的职业生涯。第四,有两本书侧重于讲授道德、公民和政治责任,基于我自己在这个领域的教学、领导校园契约协会和美国民主项目,以及我任职国家和社区服务委员会委员和国家社区服务公司的经历。最后,有两本书是关于慈善和教育的,不仅反映了我的高等教育经历,而且也反映了我在美国两大慈善基金会董事会的工作,这两个基金会分别是公共福利基金会和理查德罗达·高德曼基金会。

四

我非常感谢东北师范大学和杨晓慧教授、高地教授、蒋菲教授,他们给了我很多殊荣。首先,他们邀请我去东北师范大学进行学术访问。第二,经由他们安排,我的著作得以被译成中文,我也非常感谢为此做出努力的生活·读书·新知三联书店王秦伟先生和成华女士,以及诸多译者,他们的辛苦工作保障了这项工作得以顺利进行。我希望这些做法有助于加强中美两国间的关系。我现在,以及会永远感受到,我与中国之间有一条特殊的纽带相连。

托马斯·欧利希,2021 年

献 给
艾 伦
戴维,伊丽莎白,以及保罗

目　录

序言　*1*
前言　*1*

第一章　导论　*1*
第二章　1958年英国政府放弃塞浦路斯主权的决策　*8*
第三章　1963年塞浦路斯政府提议修改《苏黎世-伦敦协定》的决策　*44*
第四章　1964年土耳其政府轰炸塞浦路斯的决策　*71*
第五章　1967年希腊政府从塞浦路斯撤军的决策　*104*
第六章　若干总结评论　*135*
附录　评论　*147*
索引　*154*
缩略语　*167*

序　言

如果我们想要法律及法律制度在处理国际争端中发挥更大更有效的作用,我们就需要更清楚地理解它们现在所发挥的作用。本书就是在寻求这种理解中迈出的重要一步。通过敏锐而富有经验的思考,作者仔细地审视一场国际危机,更深入地研究法律如何影响或者未能影响(政府)决策的做出。

在美国国际法学会的支持下,我们团队成员采用单独研究和团队合作的方式,深入研究在涉及战争与和平这一危机决策时法律所起的作用。显然,在许多重要的政府决策中,法律因素发挥着多种作用。同时,诸如军事的、政治的、经济的、心理的、历史的、文化的、社会的等其他许多因素也对此等决策具有影响。人们也很难选出到底是哪个因素对决策的制定能产生更为重要的影响。法律是发挥了10%还是60%的影响并不能让我们知道怎样能够强化此影响。我们需要了解的不是法律对决策产生多大的影响,而是如何产生影响,法律与法律制度是如何以不同的方式影响国际事件的。因此,本书是设法对国际法作用理论进行有效分类的努力的一部分,以帮助我们更好地理解国际法如何发挥作用,以及如何未能发挥作用。它也是从实践意义维度进行研究的努力的一部分,可能为旨在扩张或加强法律发挥作用的措施奠定基础。

奥多明尼昂基金会(安德鲁·W.梅隆基金会的前身)给予的慷慨资金支持,使美国国际法学会在这一领域的工作得以完成。在美国国际法学会的支持下,本专著得以被委托给出版社并出版。尽管本书作者对专著文本负全部责任,但由美国国际法学会成员组成的一个专家组对较早的草稿进行了审读和讨论,推进了本课题的研究工作。作为专家组的主席,我要向奥多明尼昂基金会以及美国国际法学会,尤其是学会执行理事斯蒂芬·M.施韦伯(Stephen M. Schwebel)教授表达我们的感谢。这一项目从设想到出版,都得到了他们的支持与指导。

哈佛法学院

罗杰·费舍尔

前　　言

那是在1963—1964年间,国务院次卿乔治·W.博尔(George W. Ball)使我第一次有机会思考有关塞浦路斯的国际问题,那时我担任他的特别助手。他教给我诸多国际与国内事务法律程序有效运作的相关知识——在那些事务中法律与法律工作者有什么创造性作用,以及如何能发挥创造性作用。

在这之前,我在国务院的法律顾问办公室工作,在这里我认识了两位国际法专家——艾伯拉姆·查耶斯(Abram Chayes)教授和安德里亚斯·F.洛文菲尔德(Andreas F. Lowenfeld)教授。从那时起他们就开始教导我,我们之间建立起了最密切的学术关系。我对他们的感激之情真的是无以言表。我还要特别指出,我们合力编著的一套教学材料《国际法律程序》(*International Legal Process*),为本书讨论的问题提供了一个整体方法。

本书是由罗杰·费舍尔教授(Roger Fisher)规划和组织,并受由国际和法律学者组成的专家组指导的项目的一部分。费舍尔教授及其他专家组成员对书稿草稿进行了审读,并给出了有见地的建议。在此我特别感谢专家组的三位成员——路易斯·亨金(Louis Henkin)教授、埃德温·C.霍伊特(Edwin C. Hoyt)教授以及汉斯·A.林德(Hans A. Linde)教授,书末收入了他们所写的评论。

本项目得到美国国际法学会的支持。在此我诚挚感谢它所给予的支持，并非常感谢学会执行理事斯蒂芬·M.施韦伯（Stephen M. Schwebel）和学会研究部门负责人约翰·劳伦斯·哈格罗夫（John Lawrence Hargrove）的帮助。

斯坦福法学院的许多同事在我工作的各个阶段提供了许多帮助。也许最重要的是，他们使我相信作为一个法学院院长，能够也应当投身学术追求。

几年来，学习我的国际法课程的斯坦福法学院的学生帮助我拓展和检验了本书所呈现的内容。我特别感谢艾德格·D.阿克曼（Edgar D. Ackerman）、弗里德里克·D.巴伦（Frederick D. Baron）和加里·R.罗伯特（Gary R. Roberts），他们为我的研究提供了大量协助。舍拉·奇尔顿（Sheila Chilton）、路易莎·克莱门斯（Louisa Clemens）、玛格丽特·迪克森（Margaret Dickson）和贝兹·里德（Betsy Reed）、简妮·肯尼迪（Jeanne Kennedy）给我提供了贴心的文书服务。

最后，在我开始撰写之前和修改书稿期间，我收到了几乎每一位关注1958—1967年塞浦路斯事件的政府和国际组织的代表给我提供的信息以及他们对此事件的看法。鉴于一些人的名字不宜被公开，但我依然在此向他们表示感谢。

托马斯·欧利希
1973年9月

第一章　导论[1]

有关塞浦路斯的统计数据具有欺骗性。很难相信这么一个领土狭小、人口稀少的地方竟能扰乱世界和平。大约有60万人生活在这片3 600平方英里的岛上,其中大约80%具有希腊血统,而剩下的人口几乎都是土耳其裔。塞浦路斯自然资源稀缺,铜是其唯一重要的可出口物产。水资源缺乏常年困扰当地人,只有6%的土地能得到灌溉。该国人均年收入为400美元,但超半数居民生活在农村,而他们每年靠300美元的收入生活。

但塞浦路斯的确有一项重要的资产,那就是它战略性的地理位置。塞浦路斯岛是地中海第三大岛屿,位置极佳,非常适于扼守整个黎凡特(Levant)地区[2]。这一资产使塞浦路斯数个世纪以来成为兵家必争之地,往往血流漂橹。在公元1世纪前,它被埃及征服过,被希腊殖民过,被罗马吞并过,在这之后的2 000多

---

[1] 导论与第三章、第四章的部分改编自 Ehrlich, "Cyprus, the 'Warlike Isle': Origins and Elements of the Current Crisis", 18 Stan. L. Rev. 1021 (1965), 以及 Chayes, Ehrlich, and Lowenfeld, *International Legal Process, Problem* XVI (1969)。

[2] "黎凡特"是一个用来描述东地中海一大片区域的历史地理用语,广义上,它包括全部东地中海范围,也即不仅包括岛屿,还包括东地中海沿岸各国。——译者注

年,接二连三的异族领主统治了沿岸各地。虽然它们统治的能力与智慧不一,但是目的一致,即通过控制地中海主要岛屿的战略指挥实现对东地中海的霸权。自前拜占庭时代起,狮心王理查、圣殿骑士团、法兰克人、威尼斯人和土耳其人先后占领此地,塞浦路斯被各强权蹂躏。[1]

由于该岛的战略位置,英国于1878年获得了它。作为获取贡金以及英国同意援助其抗击俄国的交换,土耳其素丹同意"将塞浦路斯岛交由英国占领和管理"。[2] 当土耳其重新从俄国手里夺下三块亚美尼亚领土时,前述安排即告终止,塞浦路斯岛则重新回到土耳其。而在那之前,尽管主权在名义上归土耳其,但英国实际控制塞浦路斯。在第一次世界大战爆发伊始,土耳其与德国结盟时,英国宣布1878年的协定无效,并一举吞并了该岛。尽管俄国依1921年达成的条约将在1878年英国与土耳其缔结的条约中涉及的三块亚美尼亚领土中的两块移交给了土耳其,[3]英国却仍然控制着塞浦路斯。根据1923年签订的《洛桑协定》(Treaty of Lausanne),希腊与土耳其承认英国对该岛的主权,[4]1925年3月,英国宣布该岛为英国的直辖殖民地。

---

[1] The Definitive Chronicle of the Island for 1948 in Hill, *A History of Cyprus* (4 vols. 1949).

[2] Convention of Defensive Alliance between Great Britain and Turkey with Respect to the Asiatic Provinces of Turkey, 4 June 1878, art. I, in 82 Accounts and Papers 3–4 (1878).

[3] 该条约于1921年3月16日缔结,刊印于16 Martens N. R. G. (3e ser) 37。

[4] Treaty of Lausanne, art. 20, 24 July 1923, 28 L. N. T. S. 12, 25 (1924)。土耳其在1919年6月28日签订的《塞夫勒条约》(Treaty of Sèvres)第115条中同样承认了英国对塞浦路斯的吞并,该条约载于2 The Treaties of Peace, 1919–1923, at 821, 966(Martin ed., 1924)。

第一章 导论

要求结束英国统治的压力在第二次世界大战之前慢慢形成，在二战后迅猛发展起来。希腊人和希腊族的塞浦路斯人联合起来要求合并，组成希腊塞浦路斯联邦。但土耳其人及土耳其裔的塞浦路斯人反对这一行动，日益支持在塞浦路斯的英国当局采取镇压措施制止希塞统一主义者的煽动活动。最终，英国在1958年同意交出其统治权，但不是交给希腊，而是交给一个独立的塞浦路斯共和国。1960年，该岛在历史上首次成为一个主权国家。但是，英国允许其独立是附加了一系列复杂的国际协定的。[1] 这些由希腊、土耳其、英国、塞浦路斯的希腊族人团体及土耳其族人团体代表所签署的协议，建构并限制了塞浦路斯如何处理其国内事务以及与其他国家的关系。这些协议是在各方的热切希望中达成的。人们希望这些协议将给此地带来前所未有的和平与独立。

然而，1963年12月，在协议签订三年之后塞浦路斯发生了暴乱。仅数天时间，该岛就成为重大国际危机的聚焦点。从欧洲列强派遣一队炮艇以解决克里特岛一场市民暴动那刻起，国际事务的处理方式即使谈不上进步，至少也是在发展。毫无疑问，需要多边力量来维持塞浦路斯的和平。在几次解决危机的努力失败后，联合国派遣了一支多国部队，开始努力解决——如果不能解

---

[1] 组建了三个多国委员会来完成"实现塞浦路斯主权移交"的最终安排，参见 Conference on Cyprus, Cmnd. 679, at 14 (Document XXX) (1959)。委员会的工作持续了一年多，工作成果是一个220页的文件，包括多个条约草案、塞浦路斯宪法草案、15个条约换文草案和几个声明草案。解决塞浦路斯问题的所有文件都包含在 Cyprus, Cmnd. 1093 (1960) 中。《塞浦路斯建国条约》与《保证条约》也分别包含在 Cmnds. 1253 (Document XXXIV) (T. S. Nos. 4, 5 of 1961) 中。

决,至少是控制——这一危机。自此以后,联合国组织一直介入处理塞浦路斯问题。

1963年12月以来,大部分时期是土耳其为保护作为少数群体的土族塞浦路斯人而进行军事干涉威胁。在几次危机中,各种国际压力汇合在一起成功地抑制了土耳其对武力的实际使用。但在1964年8月,希族塞浦路斯武装力量袭击了几个土族塞浦路斯人村庄,土耳其战机轰炸了这些袭击者。1967年秋,土耳其再次威胁要入侵该岛,但当希腊同意撤出其超出1960年协议规定的授权驻扎在塞浦路斯的军队的全部士兵时,土耳其与希腊握手言和。

本研究分析以下四个由不同政府做出的有关塞浦路斯的关键决策:(1)1958年英国政府决定放弃塞浦路斯主权;(2)1963年塞浦路斯政府提议修改《苏黎世-伦敦协定》的决定;(3)1964年土耳其政府决定轰炸塞浦路斯岛;(4)1967年希腊政府决定从塞浦路斯撤军。分析的首要核心问题是在每一政府的决策过程中法律规则与法律制度所发挥的作用。在这一框架下,本研究特别关注外国政府与国际组织如何将法律施加于国家决策者,使其承受约束。这四项决策不是20世纪50—60年代有关塞浦路斯的唯一重要事件,自然也不是该岛近代史上最重要的事件。当然,之所以选择上述决策,是因为它们为我们在单一国际背景下,考察法律对四国政府产生的影响提供了一个机会——包括对其自身决策的影响,以及四国在决策中承受的、由其他国家施加的压力的影响。

外交、经济与军事利益、大肆的政治宣传以及其他国际力量对以上四项决定影响重大。这些力量与强有力的国内需求相互影响。任何聚焦于影响决策的某一类因素的研究,不可避免会有偏离中立的学术探究以及表现得使这些因素比它们实际的作用更为重要的风险。同时,对决策过程中单个类型因素进行分析是不可能的,除非特别留意将这些因素挑选出来。与经济、军事或者其他方面的研究相比,法律分析并不会不真实。本研究试图聚焦于法律因素,而非目光短浅地关注其他因素。

本书所称的法律是根据参与每一个决策的各方都可能有的看法加以定义的,包括包含在决策中显然被认为是法律以及与决策相关的法律规范和制度安排。采用这一方法是因为其对于发现国际危机中法律如何影响国家决策特别有用,而这一方法似乎也适用于分析法律如何成为更有效地处理那些国际事务的工具。

当然,我对具体的参与者的看法的某些判断可能是错误的。我与不同的国家政府部门和国际组织的代表们对上述四个决策进行了讨论。他们审读了本研究的草稿,并且我基于他们的评论进行了修改。但我误将给定问题认定为合乎法律的可能性还是存在。然而,就本研究所得出的结论而言,这些错误大体上不会造成严重的后果。因为对于本研究讨论的大部分问题,法律只是展示了相互关涉方面的其中一面。本研究首要关注的是法律如何影响而不是多大程度上影响了国际决策。与其他因素不同,相对来说法律原则的影响没有法律规范在国际事务中发挥的各种作用重要。例如,《联合国宪章》及联合国机构的许多决议将"自决权"规定为一项法律规范。但它也表达了有关基本人权的一系列道德判断。当20世纪50年代希腊驻联合国代表要求实现塞浦路斯人的"自决权"时,将这一规范看成是更具有法律性还是道德性其实关涉甚微,而应当说这两个层面是紧紧地相互纠缠,并且正如其他良好的法律标准,这一规范也是根植于基本的道德价值。

法律有很多超出行为人认知的维度,而提出替代性的分析框架可能会强化这点所造成的局限。在涉及具体问题时,人们可以问"法律是什么",而无论有没有提及一个如国际法院这样的具体的决策机构。人们也可以问"法律应当是什么",也无论有没有提及像国际法委员会这样一个组织。进而言之,一个人能退一步思考,如果在解决问题中,一个具体标准或程序不能被认为是由法律规定或者是与法律相关,那事情将会有什么不同。我的目的不是检验这些替代性方法的相对优势之处,而是拒绝采取这些方法。虽然本书所使用的法律的定义与一些理论家的观点明显不合,但本书并不是要在国际法学方面有所作为。

即使在感知方法(perceptual approach)所设定的维度内,本书所采用的方法也有其局限性。本书所做的分析并没有打开新的方法场域。分析的首要依据是书面材料,包括一手的和二手的。我无心探讨特定行为者对法律的认知在特定时间如何影响他们自身行为的每一个方面。这样的探讨,以及方法论基础的拓展要求一系列复杂的手段,而这远超出了我的分析范畴。例如,任何一个人都不可能在他做出决定时,意识到自身受到的所有压力,更不用说在做出决定之后。我的研究已揭示,同一政府的不同代表在特定决策中对于法律作用的认识存在巨大的差异。

我更多关注的是国家决策如何受到法律的影响,而较少关注法律影响的程度。对每一个国家决策的分析都是在其产生的整个背景中进行的,但首要关注的是法律制度。本研究试图为判断相互联系的一系列问题奠定基础。法律如何界定与限制了各国的目标,以及实现这些目标的最佳方式?国际危机中的敌对国寻求国际支持的诉求在多大程度上依赖于它们的实力以及它们与法律立场的一贯性?在什么情况下法律能够提供一个程序设置,以制造经济、军事和其他压力,并确定国家决策的内容?在构建与利用制度安排以控制和试图解决争端的过程中,法律的力量如何有效?最重要的是,能够采取什么措施以改进和加强法律在调整国家间关系中的作用?基于对这四个决策的分析,本书最后一部分尝试对上述及相关问题做出若干结论。

第二章 1958年英国政府放弃塞浦路斯主权的决策

1954年,英国殖民事务大臣宣布,"不存在任何改变塞浦路斯主权的问题"[1]。1958年,英国驻联合国代表表示,有关塞浦路斯的任何考虑都必须从"塞浦路斯岛的主权现在属于英国"这一点出发[2]。拥有塞浦路斯的主权不仅仅是英国政策的出发点,更是英国决策者考虑塞浦路斯岛及其未来所立足的原则。而在1958年,英国决定放弃这一原则。本章将重点研究法律规范和制度如何影响英国做出这一决策。

将维持英国主权背后的主要政治力量抽离出来并不难。战略上的考量,尤其是保护英国的石油利益,以及深深扎根的渴望——在直布罗陀海峡以东至少保有一个位于地中海的英帝国残余领地,是最重要的因素。英国政府官员也主张其对占塞浦路斯人口少数的土耳其族人负有义务阻止塞浦路斯岛成为希腊的一部分;直到1958年,"意诺西斯"(enosis)[3],或者称塞浦路斯

---

[1] 531 H. C. Deb. (5th ser.) 507 (1954).

[2] 13 U. N. GAOR, 148 (1958).

[3] 塞浦路斯的希腊族人希望塞浦路斯与希腊合并,成为希腊的一部分。塞浦路斯与希腊合并的愿望在希腊语中称为"意诺西斯"(Enosis)。——译者注

与希腊合并,是唯一被认真考虑可能替代英国统治的选择。当然帝国也有其他方面的压力,但是战略和面子起了主要作用。

1954年,英国被迫撤出了它在苏伊士的多个军事基地。这一结果不仅是对英国在地中海的军事力量的重大打击,更是严重打击了英国的自尊心。英国中东司令部(The British Middle East Command Headquarters)被强制驱逐是真正的、具有象征意义的英国退出大国行列的标志。这对其国内也产生了深远影响。托利党政府(The Tory Government)刚艰难地压制住下议院(House of Commons)后座议员的反抗。在很大程度上,是因为托利党政府反复保证英国"永不会"放弃其在塞浦路斯的新中东军事司令部,才控制住这次反抗。[1]但是英国工党表示反对,他们强调丘吉尔和罗斯福曾在大西洋宪章提倡所有民族都享有民族自决权。他们还问道,为什么每个人都认为控制塞浦路斯要比控制苏伊士更容易?工党指责政府的立场是公开鼓励塞浦路斯岛上的暴力水平升级,直到英国也被迫离开。但英国"永不会"的声明却能够安抚那些亲眼目睹帝国没落的托利党后座议员。

20世纪50年代,英国提出了一系列宪制安排为塞浦路斯处理内部事务提供"有限的自治"。其中的第一个建议相比起现有的安排,本来会实质上提升塞浦路斯的自治程度,每一项新计划都会进一步扩大自治范围。但是所有的计划都设想英国依然保持对塞浦路斯的主权,至少在可预见的将来是这样。1954年,英国拒绝接受建立新框架的可能性,而1955年则暗示存在这种可能性,1956年承认其可作为未来讨论的一个选项,1957年则同意

---

[1] 531 H. C. Deb. (5th ser.) 507-10 (1954).

将它作为今后 7 年的议程事项。但直到 1958 年末,英国才同意放弃其提出的制度框架,并代之以同意塞浦路斯独立并且同时实质保护英国利益的新政策。

1958 年 12 月,英国驻联合国代表组织了一场希、土两国外交部长之间的会谈。他们的谈判持续了一个月,谈判的结果是形成了构成 1960 年苏黎世会议协定的基本设计。为实现其目的,英国政府在苏黎世会议召开之前才宣布其关键决策,其表述如下:假如"保留军事基地且英国对基地拥有主权,并且协定有确保基地运行所需的权利与设施条款,英国的军事要求能以不会受到挑战的方式得以满足……那么,女王政府将考虑移交塞浦路斯岛剩余部分的主权"。[1]

1. 来自希腊族塞浦路斯人的压力

希腊族塞浦路斯人是最早要求改变英国殖民地位的。但是他们推动变革的制度手段有限。英国在与塞浦路斯领导人的数次会议上拒绝讨论变更英国的主权——声称这一问题不在讨论范围内。没有任何一个国际会议承认希腊族塞浦路斯人在此问题上的立场。希腊族塞浦路斯人是被殖民者,他们只有权讨论被统治的期限,无权争辩具有根本性的问题。

早在 1830 年,岛上"意诺西斯"的呼声高涨。在接下来的一个世纪,这一压力日积月累,不断增大。我们并不能从古希腊的废墟中寻找到这种渴望统一的根源,阿芙洛狄特(Aphrodite)岛从不是希腊人的希腊(Hellenic Greece)的一部分。尽管希腊人对塞浦路斯岛进行了殖民统治,但他们仍认为塞浦路斯人是异族人。

---

[1] 600 H. C. Deb. (5th ser.) 618 (1959).

希腊人与希腊族塞浦路斯人之间的联系起源于拜占庭时期,而不是古典时期。宗教和语言是希腊和塞浦路斯统一的主要压力,并且它们有很强的向心力。尽管希腊族塞浦路斯人的祖先已经在塞浦路斯生活了多个世纪,但他们许多人仍认为自己是生活在塞浦路斯岛上的希腊人。

至少在一战期间,英国曾提出过要将塞浦路斯移交给希腊,以换取希腊对塞尔维亚的支持。[1] 希腊拒绝了这一提议,回顾历史,这可能是塞浦路斯历史上最大的悲剧之一,因为要是那个时候实现塞希合并的话,接下来半世纪就可能不会有这么多流血与杀戮了。

1931 年,就在塞浦路斯第一次提出塞希合并整整 100 年之后,希腊族塞浦路斯人在大规模的主张与希腊合并的示威游行中烧毁了塞浦路斯总督的住房。1949 年在希腊族塞浦路斯人中进行了一次公民公投——96% 的具有资格的投票者支持与希腊合并——这本应打破英国永久统治塞浦路斯的任何幻觉。[2]

一年后,塞浦路斯的希腊东正教大主教逝世,大主教马卡里奥斯三世当选为新的领导者。此时他只有 37 岁,而极有吸引力的处事方式和风格使他迅速成为希腊族塞浦路斯人的世俗与精神事务领袖。

马卡里奥斯开坛授道,领导"意诺西斯"运动,这直接违反了英国颁布的禁止煽动叛乱的法律。因为担心起诉马卡里奥斯会

---

[1] 参见 Alastos: *Cyprus in History* 339-44 (1955)。"塞希合并"的支持者认为,英国将塞浦路斯移交给希腊的提议是承认塞浦路斯与希腊人之间的关系(参见前引书 344 页),但英国迅速回应称,该提议在遭到希腊拒绝后即被撤回,参见 9 U. N. GAOR 53 (1954)。

[2] Royal Institute of International Affairs, *Cyprus: The Dispute and the Settlement* II (1959).

引发暴动,英国总督整整 6 年时间没有任何动作。神职政治家在塞浦路斯人生活中被广为接受,但是,没有人具有马卡里奥斯大主教那样的号召力——真正意义上的号召力。其他人或是"长官"(ethnarchs),或是他们民众的领袖,而马卡里奥斯则融合了宗教热情、非凡政见以及追求希腊合并的热忱。一些塞浦路斯事件的分析家认为马卡里奥斯的政治抱负已经超越了塞浦路斯岛,支持塞希合并只是他成为新联邦总理的一步而已。克里特岛人埃留特里奥斯·维尼泽洛斯(Eleuterios Venizelos)在成功领导克里特与希腊合并之后,成为了希腊总理。马卡里奥斯大主教可能也想走这条路,尽管他曾公开否认过他有这样的野心。[1] 或许唯一可以确认的事实就是从其担任大主教伊始,他便忠于希腊族塞浦路斯人,并致力于终结英国的统治。

马卡里奥斯最开始的目标也许是实现塞希合并,但在 1958 年之后他只推动塞浦路斯独立,因为他担心英国威胁实施"两个意诺西斯":如果塞浦路斯岛的一部分成为希腊领土,那另一部分也将归于土耳其。或者马卡里奥斯呼吁塞希合并,是为了迫使作为他唯一坚定同盟的希腊领导一场国际运动,即从英国控制下恢复塞

---

[1] 参见 Wall, "Cyprus Problem=Makarios Problem", *N. Y. Times*, 18 Oct. 1964, 6 (Magazine), pp. 38, 110。联合国塞浦路斯危机调停员之一的加洛·普拉萨·拉索(Galo Plaza Lasso)先生显然花了一些时间与大主教马卡里奥斯讨论了"塞希合并"问题,但关于大主教对这个问题的看法,加洛先生的报告并没有清晰地阐述。参见 U. N. Doc. No. S/6253, at 53-4 (1965)。另参见 Foley, *Legacy of Strife: Cyprus From Rebellion To Civil War* 27 (1964)。土耳其旅游和游客事务部在纽约出版了大主教的"政策声明"集,以证明"他所有的努力都是为了实现塞希合并,(尽管)他试图制造一种假象,即他赞成塞浦路斯从希腊独立出来",引自 *Foreword to Cyprus: Greek Expansionism or Independence* I (1965)。

浦路斯的自由。这场运动由希腊领导至关重要,因为除塞浦路斯岛之外,马卡里奥斯没有平台表达他的观点;1956—1958年间,英国甚至不允许他生活在塞浦路斯,而将其流放到塞舌尔群岛。

希腊当然为塞希合并做出了很大努力。没有一个当权的希腊领导人能够承受对此事妥协所带来的国内压力。每一位希腊反对党领袖都可以合理地声称希腊政府做得不够多。甚至在20世纪50年代末,当许多希腊政治人物都希望塞浦路斯沉入大海彻底消失之时,他们仍为该岛的利益提出各种尖锐刺耳的要求。

希腊族塞浦路斯人设计了一个双管齐下的方案以对抗英国。在塞浦路斯岛上,他们寻求让英国维系对充满敌意的民众的统治付出更多代价;在国际上,他们刺激希腊政府推动塞浦路斯的民族自决。这两条线关系密切:英国越难保持其统治,希腊主张塞浦路斯想实现民族自决就越有说服力。

第一条战线的主要武器是"埃欧卡"(EOKA)[1],一个希腊族塞浦路斯人组成的恐怖主义组织。"埃欧卡"于1953年由乔治·格里瓦斯(George Grivas)将军组建。格里瓦斯出生并成长于塞浦路斯,是希腊军队的前职业军官。"埃欧卡"宪章宣称,在国际外交机构——联合国——与英国被迫解决塞浦路斯问题之前,它将始终致力于将"国际舆论"(international public opinion)聚焦于这一问题。[2]无论大主教对于塞希合并的意见如何不确定,

---

[1] 希腊首字母的缩写EOKA,意为"全塞浦路斯战斗者组织"。——译者注
[2] Grivas-Dighenis, *G. Memoirs of the EOKA Struggle, 1955–1959*, at Appendix, p. 3 (1961) (in Greek). 引自 Xydis, "The UN General Assembly as an Instrument of Greek Policy: Cyprus, 1954–58", XII J. of Conflict Resolution, 141, 144 (1968)。

"埃欧卡"的立场都始终明确：与希腊合并是塞浦路斯不言而喻的命运。格里瓦斯化名为迪根尼斯（Dighenis）——一位传奇的希腊英雄，于二战后的1951年首次回到塞浦路斯岛；回岛后一年，他就开始扩大游击战的发展计划。有关"埃欧卡"的暴力策略、英国的暴力回击以及流血冲突在各地绘声绘色地流传。劳伦斯·德雷尔（Lawrence Durrell）的一位希腊族塞浦路斯朋友以同样适用于最近问题的措辞描述了这种情况：

> 一开始并不存在塞浦路斯问题。随后出现几声爆炸声，你们便认为这里有问题，但这个问题没能解决。随后发生了更多爆炸，你们才同意尝试解决这个问题，但事实上却只是使问题进一步恶化。然而，与此同时，"埃欧卡"已经认识到，几次爆炸就能让你们从一贯坚持的"从没有"转变为"有时有"；如今他们觉得，他们有权要求你们就"何时有"这一问题做出回答。[1]

正如安奈林·比万（Aneurin Bevan）在1954年的一次关于"从没有"政策的论辩中所说："这就是英国下议院对塞浦路斯人民的公然鼓励——鼓励塞浦路斯人民采取任何他们认为能采取的措施，去做尽可能让我们对在塞浦路斯设立军事基地感到不适的事情。"[2]

据报道，尽管大主教马卡里奥斯对军事行动"非常疑虑"，但

---

[1] Durrell, *Bitter Lemons* 223-4 (Dutton paperback ed., New York, 1957).
[2] 531 H. C. Deb. (5th ser.) 566 (1954).

1954年前他至少默示支持了"埃欧卡"。[1] 希腊政府一开始并没有在官方层面上支持格里瓦斯。然而到1954年,希腊政府的立场也发生了改变,它赞成格里瓦斯在塞浦路斯岛上组织的武装反抗。如果没有受到英国在塞浦路斯的未来问题上不妥协态度的触发,这两项转变很大程度上会加速。

1952年11月,希腊陆军元帅帕帕戈斯(Papagos)和他的希腊团结党在希腊大选中取得了压倒性的胜利。他曾许诺马卡里奥斯,会积极向英国政府施压以讨论塞希合并问题。希腊努力想促成此事,却一直被英国断然拒绝,理由是塞浦路斯是英国的国内事务。这一争议在1953年秋达到顶点,当时安东尼·艾登(Anthony Eden)告诉帕帕戈斯总理,英国"永不会"放弃塞浦路斯。帕帕戈斯总理因此非常生气:"他跟我说'永不'——甚至没有委婉地说'我们应当明白'。"[2]

2. 来自希腊的压力

希腊向联合国大会——这是最能影响英国决策者的公共场所——提交的首个议案就是塞希合并问题。希腊在议案中提出把民族自决原则运用到塞浦路斯——这是联合国大会成员最为接受的法律规则。这一概念在促成希腊的目的方面具有重要作用,就像主权概念影响英国官员的观点以及他们何种决策对英国利益最佳的判断一样。

联合国大会被希腊代表视作达成其目的之"最佳工具,通过

---

[1] Stephens, *Cyprus: A Place of Arms* 134 (1966); Grivas, *The Memoirs of General Grivas* 17 – 18 (Foley ed., 1964).

[2] Stephens, *Cyprus: A Place of Arms* 135 (1966).

它国际舆论得以表达,并且产生压力——根据具体情况,这些压力或强或弱——施加于国际决策。"[1]1955 年,即希腊第一次向联合国大会提交塞浦路斯议案一年后,联合国大会有 75 个会员国,比 8 年前联合国刚成立时多了 25 个。许多会员国在独立前是殖民地,在它们存在的根基问题上具有共性,本可以指望它们站在塞浦路斯这边。甚至这样的支持者的数量有望逐年增加。因为每个联合国大会会员国有一个投票权,所以最有机会揭示塞浦路斯所面临的困境。作为考虑塞浦路斯问题的场所,联合国大会还有这个额外优势。希腊坚持认为,一旦联合国接手这一问题,在联合国之外解决该问题就是不适宜的。希腊主要以此来对抗北约在其组织内解决塞浦路斯问题的努力,以及英国通过与土耳其和希腊进行三方谈判解决塞浦路斯问题的企图。

1954 年,希腊首次在联合国呼吁塞浦路斯人享有民族自决权。希腊总理带着情感多于理智的口吻致信联合国秘书长:"只有希腊一直是塞浦路斯岛恒久存在的元素、不可更改的要因和唯一永久的现实。只是反复重申塞浦路斯属于希腊世界是不够的;塞浦路斯就是希腊。"[2]希腊的这一请求立足于"希腊民族的过去、现在和未来",他敦促将《联合国宪章》第 1 条第 2 款规定的"权利平等和民族自决原则"适用于塞浦路斯。他认为,在联合国的支持下,塞浦路斯人民能够通过投票决定他们的未来。而鉴

---

[1] 12 U. N. GAOR 165 (1957). 有关希腊在联合国大会所做努力的全面分析,参见 Xydis, *Cyprus, Conflict and Conciliation, 1954 – 1958* (1967)。更简明的相关叙述,参见 Xydis, "The UN General Assembly as an Instrument of Greek Policy: Cyprus, 1954 – 58", XII J. of Conflict Resolution 141 (1968)。

[2] U. N. Doc. A/2703, at 2 (1954).

于1949年的全民公投,这一投票的结果毋庸置疑。

希腊根据《联合国宪章》的3个条文向联合国大会提出议案。[1] 首先,希腊声称塞浦路斯人被拒绝适用宪章第1条第2款规定的"权利平等和民族自决原则"。希腊坚称英国负有尊重这一原则的契约义务——一个为两项联合国大会决议所肯定的义务。[2] 其次,希腊认为,根据《联合国宪章》第10条,联合国大会被授权讨论宪章项下的任何问题或事项,包括《联合国宪章》第1条第2款规定的民族自决权。最后,希腊指出,根据《联合国宪章》第14条,联合国大会有权"就任何情势——包括违反宣示联合国宗旨及原则的宪章条款所产生的情势——提出和平解决措施"。希腊主张,英国否认塞浦路斯人享有决定自己未来的权利,已经违反了联合国的原则。

尽管希腊成功地将塞浦路斯问题提上了联合国大会的议程,但联合国大会仍宣布"现在通过塞浦路斯问题的决议还不合时宜……"[3]。但是,希腊驻联合国代表依然声称他们已经取得了重要的战术性胜利:因为塞浦路斯不再是英国的内政问题,而是一个国际问题[4]。接下来的4年,希腊试图获取支持其立场的

---

[1] 9 U. N. GAOR, Gen. Comm. 7–11 (1954).

[2] G. A. Res. 545, 6 U. N. GAOR 375, U. N. Doc. A/L. 102 (1952); G. A. Res. 637, 7 U. N. GAOR 367, U. N. Doc. A/Resolution/40 (1952).

[3] 9 U. N. GAOR Supp. 21, at 5, U. N. Doc. A/2890 (1954).

[4] 英国和希腊驻联合国代表都宣称取得了成功。英国代表纳丁(Nutting)先生表示:"我相信刚刚进行的投票代表了共识的伟大且重要的胜利。这表明大会有多支持英国从一开始就提出的观点,即抛开法律考量不谈,就塞浦路斯问题进行正式的讨论不会达成任何有用的目的。"希腊代表克容(Kyron)先生反击道,"英国代表的赞成票是英国政府对其一贯将塞浦路斯问题称为国内问题的事实的正式承认,并且很快,这个问题就会成为一个(转下页)

联大建议,但每年都失败了。不过,捍卫英国立场带来的压力使英国代表们付出了巨大代价,他们维护英国在联合国声望的能力也受到了影响。

希腊于1955—1958年在联合国大会的论点很大程度上沿袭了1954年的模式:《联合国宪章》保证塞浦路斯人民的自决权,而英国维持其对塞浦路斯的主权正在侵犯此项权利。但每次辩论都会引入新主张。例如,1956年希腊提出的一项决议草案要求成立一个七国实情调查委员会(a seven-nation fact-finding committee),以调查英国对希腊支持"埃欧卡"违反国际法的指控,并调查希腊对英国在塞浦路斯岛的暴行侵犯了《联合国宪章》规定的塞浦路斯人的基本权利的指控。[1]

1957年,第11届联大最终通过了一项有关塞浦路斯事件的决议。这一议案由印度提出,但仅仅表达了希望"按照《联合国宪章》的原则和宗旨找到和平、民主和公正的解决方案",并且敦促进行谈判向该目标迈进。[2]尽管希腊持续要求一个更强有力的解决方案,但是希腊代表也很好地利用了该决议,至少它能够为希腊政府拒绝两项在联合国之外进行谈判的提议提供论辩合法性。1957年,北大西洋公约组织秘书长提议由他来斡旋以解

(接上页)开放的国际问题。"参见9 U.N. GAOR 539-40 (1954)。

[1] 11 U.N. GAOR, Agenda item 55, at 16 (1956).
[2] G.A. Res. 1013, 11 U.N. GAOR 1199 (1956-7).这里总结的希腊政府对该决议的使用,出自 Xydis, The UN General Assembly as an Instrument of Greek Policy: Cyprus, 1954-58, 141, 148。在第12届联合国大会上,希腊政府最终成功说服多数成员国投票接受表述有"真诚希望秉持合作精神,考虑到塞浦路斯人民享有民族自决权来进行深入的谈判和讨论"的决议。参见U.N. Doc. A/3794, at 2 (1957)。但该决议未能获得大会根据《联合国宪章》第18条第2款提出的"关于维护国际和平与安全的建议"所需的三分之二的赞成票。

决英国、希腊和土耳其政府之间的分歧。因为希腊在北约没有新独立的盟友,希腊政府害怕北约内部强制解决的压力不可避免地会使英国维持对塞浦路斯的控制。对于大多数北约成员国而言,塞浦路斯问题已成为令人烦恼的事,它影响北约的团结。因此希腊政府公开声明:只要塞浦路斯问题悬而未决,就不能绕开联合国。同样,1957年8月,希腊政府拒绝接受英国提出的召集一次新的三方会谈的提议,并且引用上述联大决议作为英国与塞浦路斯人民进行直接谈判以解决问题的权威依据。

希腊政府的目标明显是促成英国和塞浦路斯之间的双边会谈。希腊越来越对在一场几乎没有机会获利的争端中充当中间人角色感到不安,而且要实现政治参与直至达成争端解决协议。希腊领导人很可能仍认为塞浦路斯"应当"是希腊的一部分,塞希合并是公正的解决办法。在20世纪40年代,联结希腊人与希腊族塞浦路斯人的历史与文化纽带在10年之后已经不再牢固了。塞浦路斯与希腊的合并也好像渐行渐远,而国际上对于塞希合并施加压力所需政治成本也越来越高。

1958年,大主教马卡里奥斯转变了他的谈判立场,希腊也随之改变其立场。在此之前,塞希合并曾是马卡里奥斯宣之于口的目标;民族自决是对此事施压时最具说服力的口号,但是没有人认真质疑英国指控马卡里奥斯的目标是要实现塞希合并。然而在1958年,马卡里奥斯透露他将接受一个独立的塞浦路斯,同时为少数群体土耳其族塞浦路斯人提供适当的保证。[1] 希腊政府接受了这

---

[1] 马卡里奥斯在一次与工党副主席芭芭拉·卡斯尔夫人(Mrs. Barbara Castle)的会谈中透露了他的新计划。参见 Foley, *Legacy of Strife* 137–8 (1964)。

一新旗号并在第13届联合国大会上提出了一个议案,即催促英国政府协助塞浦路斯进入"独立状态"。[1]虽然这一议案被联大拒绝了,但塞浦路斯问题的主要当事方之一最终清楚地表述了结束英国统治的计划。

在希腊转向联合国寻求支持,反对英国对塞浦路斯的永久主权政策的同时,它也向基于《欧洲人权公约》所设立的委员会寻求支持,反对英国镇压塞浦路斯岛上的反抗的政策。1953年,联合王国将《欧洲人权公约》扩大适用于塞浦路斯。1955年,当英国政府实施紧急法令时,它承认其采取的某些措施背离了其负有的公约义务,但辩称这些措施是根据公约第15节第1款的授权,以应对"威胁国家生存的公共危机时刻……"[2]。

希腊向依公约设立的委员会提出指控,认为1955年英国实施紧急法令并不符合公约第15节要求的条件,并且允许鞭打与其他惩罚手段的紧急措施违反了公约第3节的规定,这些行为是为公约第15节规定的例外情形所排除的。希腊依据公约第24节提出指控,该条允许任何缔约国向委员会申请裁决另一缔约国违反公约。不需要特定的立场,并且相较于《联合国宪章》第2条第7款,公约未规定"国内管辖"例外。原告必须向委员会初步证

---

[1] 13 U. N. GAOR, Annexes, Agenda item 68, at 16 (1958). 希腊政府关于塞浦路斯独立的主张在希腊官员不同的陈述得到详尽阐述,参见13 U. N. GAOR, 1st Comm. 249, 261 (1958); 13 U. N. GAOR 313 (1958)。

[2] 希腊向欧洲人权委员会提出的两项申请被记录在《欧洲人权公约年鉴2(1960)》(*2 Yearbook of the European Convention on Human Rights*, 1960)的第174—199页; Robertson, *The Law of International Institutions in Europe* 74 - 5 (1961)。《欧洲人权公约》和相关文件收入了《欧洲人权公约年鉴(1959)》,名为 *Documents and Decisions: 1955 - 1956 - 1957*。

明被指控方的行为违反了公约,而委员会则要依职权行事。审理的争点与证据可能超出当事方提出的范围,并且除非证明并未违反公约,否则就不会结案。

这一程序成了希腊政策的得力工具。1956年6月,希腊的申诉得到了受理,因此使得委员会在裁决英国镇压的力度上成为希腊的盟友。联合王国被置于被告的位置,而实施调查这一事实又给英国在塞浦路斯的所作所为笼上一层众所周知的云霾。委员会的会议和由委员会委员组成的调查小组委员会的会议是秘密进行的[1],但这一方式是把双刃剑:它限制了希腊政府公开其呈给委员会的证据的能力,也提供了散布有关此类证据的谣言的机会。

3. 来自土耳其和土耳其族塞浦路斯人的压力

土耳其在塞浦路斯的利益基于两点:一是占塞浦路斯人口数18%的土耳其族塞浦路斯人的性命,二是塞浦路斯的战略位置,它靠近土耳其海岸。正如大部分希腊族塞浦路斯人认为自己是生活在塞浦路斯的希腊人一样,即使他们的祖先已经在塞浦路斯岛上生活了数个世纪,大多数土耳其族塞浦路斯人仍旧将土耳其视作其祖国,尽管他们并没有渴望移民。土耳其面临的要求保护这一少数群体的国内政治压力与希腊是一样的。而一旦土耳其政府决心提供这一保护,那么对于任何解决方案,它都是必不可少的一方。对英国而言,土耳其是比希腊重要得多的北约盟国。土耳其不仅有更强大的军事力量,还是中东石油地带和苏联之间的缓冲

---

[1] 根据《欧洲人权公约》的相关规定,委员会应当举行秘密会议(第33条)。——译者注

区。而且,《巴格达条约》[1]是英国促进其在该地区利益的英格兰计划的核心;土耳其是条约的关键当事方。正如艾登(Eden)在其回忆录中所写:"我认为,我们与土耳其的联盟是我们在该地区的政策中首先要考虑的。"[2]

土耳其人借用丘吉尔式的语言,形容塞浦路斯面对的正是他们的"软肋"。塞浦路斯岛距离土耳其只有40英里,因此被称为"伊斯肯德伦瓶的塞子"(the cork in the bottle of Iskenderun)[3]。只要英国控制塞浦路斯岛,土耳其人就几乎不用担心塞浦路斯可能会被用作攻击其领土的中转站。但希腊已经控制了和塞浦路斯一起呈环形包围土耳其南部港口的多个岛屿。土耳其人仍记得他们在20世纪20年代早期与希腊爆发的激烈冲突,并且坚决反对塞希合并。

土耳其乐意让英国带头对1954年希腊向联合国提交的议案以及1955年"埃欧卡"开始的行动做出回应。英国致力于维持现状,这恰恰是土耳其和土耳其族塞浦路斯人想要的。土耳其支持英国在联合国大会的观点,只补充了若英国放弃其在《洛桑协定》下的权利,那么塞浦路斯必须回归作为其权利起源地的土耳其。

---

[1] 《巴格达条约》是中东地区性的军事同盟条约,全称《伊拉克和土耳其间互助合作公约》。1955年2月24日伊土签订于伊拉克首都巴格达,同年4月15日生效,有效期5年,但可延续,每次以5年为期。英国、巴基斯坦和伊朗分别于同年4月5日、9月23日和11月3日加入该条约。条约目的在于分裂阿拉伯国家联盟、镇压中东地区民族解放运动等。——译者注
[2] Eden, Full Circle 414 (1960).
[3] 伊斯肯德伦是土耳其东南部第二大港,位于伊斯肯德伦湾东岸,阿马诺斯山麓,为小亚细亚、地中海、美索不达米亚、黎凡特之间的战略要地。——译者注

第二章　1958年英国政府放弃塞浦路斯主权的决策

1956年之后,土耳其开始在联合国大会的辩论中担任更为活跃的角色。在某种程度上,这是因为土耳其族塞浦路斯人卷入岛上日益严重的冲突中。他们构成了日益扩大的警察力量的主体,并且在"埃欧卡"恐怖分子杀害了一名土耳其族警察时,第一次不同族群间的战斗爆发了。随后土耳其族塞浦路斯人组建了一个名叫"沃尔坎"(VOLKAN)的组织以对抗"埃欧卡"。而且,在土耳其,反希腊人的骚乱事件也越来越常见。这些事件和其他力量促使土耳其政府率先在联合国大会有关塞浦路斯的辩论中引入一个重要议题。正如我们看到的,希腊的基本要求就是实现塞浦路斯人民的民族自决权。从第9届联大到第11届联大会议,土耳其代表都回应称《联合国宪章》第1条第2款规定的民族自决原则不能被用来削弱由主权国家合意缔结的协议效力;土耳其代表提到《联合国宪章》序言中的"尊重条约义务",其用意正是要否定希腊就《洛桑协定》所提出的观点。[1] 但是,在第12、13届联合国大会上,土耳其代表对希腊要求实现民族自决做出了完全不同的回应:如果允许实行民族自决,那么这一权利必须同时授予希腊族塞浦路斯多数群体和土耳其族塞浦路斯少数群体。[2] 1956年,当英国殖民大臣向英国下议院宣布拉德克利夫建议[3]时,第一次提出了分治的建议。[4] 英国驻联合国代表

---

[1]　10 U. N. GAOR 55 (1955); 9 U. N. GAOR, 1st Comm. 549 - 52 (1954).
[2]　12 U. N. GAOR, 1st Comm. 371 (1957).
[3]　1956年,英国政府任命曾任印巴分治专家的拉德克利夫勋爵为塞浦路斯制宪专员,寻求解决塞浦路斯问题的方案。拉德克利夫最后提出了一个建议:在塞浦路斯新成立的议会和自治政府各部门中,希腊族人占多数,但同时应当妥善保障土耳其族人的权利;岛内治安仍然由英国人负责。——译者注
[4]　562 H. C. Deb (5th ser.) 1267 - 9 (1956).

在第11届联大会议上再一次提出了这一方案。[1] 这明显需要花些时间才能让这些想法在土耳其人的头脑中扎根。但是,当这一方案被提出时,土耳其政府便全盘接受了。土耳其驻联合国代表宣称,塞浦路斯由两个不同的民族组成,如果要改变现状,那么岛上的每一个民族都有权决定自己的未来。正如我们将会看到的,这一论调最终不仅会削弱希腊通过民族自决实现塞希合并的主张,而且会极大降低英国主权的法律效力。

4. 英国的决策

此处所述1958年英国的决策是指英国放弃塞浦路斯主权的决断。同公共政策中的所有主要问题一样,问题的框定不可避免地给该问题的解决施加了一个特定视角。这一问题也可以不同的方式叙述:塞浦路斯岛上的军事区域能否充分满足英国的军事需要?为打击恐怖主义活动付出的日益增加的代价是否值得?等等。但是为了分析在英国做出导致塞浦路斯独立的决策过程中法律规范与制度的影响,最初的叙述似乎更为合适。

尽管权衡主要的军事、政治和其他考虑的相对影响要困难得多,但这些因素促使英国做出这一决策是显而易见的。第一,持续控制塞浦路斯岛的成本很高并且日益增加。大约需要动用30 000名英国军人去对付一百来名"埃欧卡"恐怖分子;而且暴力活动在短期内不会停止。杀戮的结果就是全体希腊族塞浦路斯人迅速与英国疏远;而世界上其他国家对这个问题越来越警惕。第二,英国军方明显不情愿地做出结论,维持对该岛军事区域的统治能够满足英国的战略需求。在苏伊士运河危机和伊拉

---

[1] 11 U. N. GAOR, 1st Comm. 225 – 6 (1956).

第二章 1958年英国政府放弃塞浦路斯主权的决策

克革命之后,以及考虑到维持该岛作为一个武装基地所支出的军费,英国改变了其军事需求,这一点也反过来影响了上述判断。第三,塞浦路斯争端已危及希土关系和北约自身,英国承受着来自美国和北约盟国要求解决该争端的巨大压力。第四,20世纪50年代新独立的国家日益增多,它们反对殖民主义的呼声日益高涨。其他重要性相对较低的因素也加重了前述压力。英国工党主张"塞浦路斯人民应该和其他民族一样有权决定其未来",强化了以上各种压力。[1] 本书的分析不聚焦于这些压力自身,而是关注法律塑造这些压力的方式以及它们对英国决策者的影响。

整个20世纪50年代,英国对其继续控制塞浦路斯岛的辩解可以归结为两项国际法原则:条约神圣和主权概念固有的绝对权威。英国的辩护理由可以表达为下述说法。《洛桑协定》承认了英国对塞浦路斯的主权。如果没有英国的同意,不得修改条约,并且没有什么能强迫英国同意修改,这就是"条约必须信守"。英国官方关于《洛桑协定》神圣的立场反映了麦克奈尔勋爵(Lord McNair)毫无新意的判断:"作为一个法律问题,条约修改没什么好说的。"[2]《洛桑协定》是一个庄严的国际协议。那种认为法律能向英国施加任何修改该协议义务的观点在用词上自相矛盾。在这一问题上,稳定和变化本来就不一致。

英国的主权观看起来仍然未变。直到并且除非英国做出不同的决定,否则英国统治塞浦路斯的权利就是不容质疑的——这

---

[1] 英国工党于1957年11月27日发布的新闻稿,引自Royal Institute of International Affairs, *Cyprus: The Dispute and the Settlement* 39 (1959)。
[2] McNair, *The Law of Treaties* 534 (1961).

就是主权的全部含义。安东尼·艾登(Anthony Eden)回忆录对此事的观点让人回忆起在19世纪的国际法中,主权被认为相当于国家的尊严。[1] 人们可以争论主权的含义及其在具体问题上的适用——尤其是地方自治的适当程度——但质疑主权这一概念本身是非常不可想象的。这样的比较是夸张,但也没有夸大该规范作为英国的政策基础的重要性。

从遵守条约义务与主权权利角度来表达英国的立场,根据传统国际法,这对英国决策者来说是无可辩驳的。并且英国直到1959年才决定放弃主权这一事实,至少部分地可以归功于英国对这两个问题的看法。国际法的基本准则使维持现状合法化。

英国与塞浦路斯人之间的各种关系使该问题更加复杂。国际法不仅没能对英国施加使其与塞浦路斯人进行谈判的有效义务,也没有为谈判提供场所。[2] 塞浦路斯人是塞浦路斯岛上最直接受到英国行为影响的群体。然而,恰恰是赋予了英国绝对权威地位的国际法原则,似乎阻碍了塞浦路斯人发表任何看法,以在国际法体系内挑战该权威。包括联合国在内,没有任何国际机构给殖民地人民提供一个作为一项权利的说话的机会。这些缺陷导致解决这一问题不但要花费时间,而且在问题解决前流血杀戮会不时发生。正如我们看到的那样,当英国拒绝与他们商谈塞浦路斯的未来地位时,希腊族塞浦路斯人转而诉诸暴力。劳伦

---

[1] Eden, *Full Circle* 403 (1960).
[2] 《联合国宪章》第73条要求管理非自治领土的成员国"极力增进……领土居民的福祉",并且该项义务被界定为包括发展自治。但是无论是该第73条还是宪章的其他条文,都没有具体要求英国与塞浦路斯人民商谈自治期限,更不用说商谈独立了。

斯·德雷尔的一个希腊族塞浦路斯朋友一针见血地指出：

> 为什么你们不一开始就诚实？如果你们说，"虽然这是希腊的岛屿，但是我们决定待在这里并且为它战斗"，你们认为我们会拿起武器反抗你们吗？永不！我们知道你们对塞浦路斯拥有不容置疑的法律权利。但是那小小的谎言就是一粒种子，从此所有丑恶的事情生根发芽，继续成长壮大。[1]

希腊族塞浦路斯人的策略是通过加剧岛上暴力以提高英国维持其统治的成本。这一策略为希腊在联合国表达的观点——继续将塞浦路斯作为殖民地违背了塞浦路斯人民的意愿——提供支持。同样重要的是，由于希腊族塞浦路斯暴动者占领了英国的军队驻地，塞浦路斯作为军事基地的利用价值已经降低。

英国的回应中部分是军事的——采取一切可行的措施镇压"埃欧卡"的行动。1955年在伦敦举行的会议[2]没能就塞浦路斯

---

[1] Durrell, *Bitter Lemons* 241-2 (Dutton paperback, New York, 1957).

[2] 面对十分严峻的塞浦路斯局势，英国尝试采取"分而治之"政策，使塞浦路斯希土两族相互遏制，以达到英国长期统治塞浦路斯的目的，1955年6月30日，英国首相艾登邀请希腊和土耳其举行英、希、土三国伦敦会议，讨论"东部地中海地区的政治和防御，其中也包括塞浦路斯"。希腊几经犹豫后参加了，土耳其爽快地接受了邀请。但是，马卡里奥斯坚决反对三国伦敦会谈。1955年8月29日，伦敦会议开始，英国提出了英国制定的"塞浦路斯新宪法"的基本内容，核心内容是在塞浦路斯成立自治政府。英国还提议成立一个永久性的由三国组成的监督委员会，共同监督塞浦路斯自治政府的运作，并邀请希土两国参加英国利用塞浦路斯对三国的共同防御。"新宪法"完全否定了塞浦路斯人民的自决权。希腊代表坚持，只要排除"塞希合并"的可能性，就不接受任何其他解决塞浦路斯问题的方案；而（转下页）

自治条件达成协议,于是英国首相艾登任命前帝国总参谋长约翰·哈丁(John Harding)为塞浦路斯总督。哈丁立刻采取几项行动将该岛变为武装营地:宣布在塞浦路斯实行紧急状态;未经审判即予以监禁和驱逐出境;对持有武器者判处死刑;大规模逮捕;以及放逐马卡里奥斯三世。[1]

英国也用一系列改变塞浦路斯政府结构以扩大地方自治的计划,对希腊族塞浦路斯人的要求做出回应。英国希望这些计划一方面能削弱希腊族塞浦路斯人团结支持"埃欧卡",另一方面能够分散国际压力。进而,希望这些建议能够排除希腊的质疑,即英国没能履行其基于《联合国宪章》第73条规定而负有的对非自治领土的管理义务。但是,当这些方案依次被宣布时,英国对主权的坚持听起来却越来越不诚恳。为什么维持英国对塞浦路斯的主权却不由英国统治?因此,在此意义上,英国为塞浦路斯提议的国内法律安排削弱了其在国际法上的立场。但是,这一缓慢削弱过程的存在不会遮蔽国际法的不足——在动荡的政治情势中国际法不能为进行变革的程序合法化提供有效工具。

尽管存在这些缺点,但是,国际法的确对英国最终决定放弃塞浦路斯主权起了重要作用。虽然不能量化法律影响决策的程度,但是可以描述法律产生影响的方式。为了分析这些方式,可

(接上页)土耳其则坚持,只要不排除"塞希合并"的可能性,任何解决方案也不接受。英国则狡诈地认为,如果希腊和土耳其谈妥了条件,英国就让塞浦路斯实行自治,但在主权问题上不承担任何责任。希、土两国首次公开表达了解决塞浦路斯问题的原则立场,其对抗性不言而喻。1955年9月6日,伦敦三国会议终因各方立场大相径庭,陷入僵局而结束。——译者注

[1] 1956年3月,马卡里奥斯三世被英国放逐到塞舌尔群岛——一个位于印度洋中部,专门用来放逐政治犯的英国殖民地。——译者注

以从讨论塞浦路斯局势的三个国际组织来考虑:联合国大会、欧洲人权委员会和北大西洋公约组织。

(1)联合国大会。由于希腊政府申请将塞浦路斯问题列入联大议程,英国处于守势。并且,英国在联大观点的逐渐转变显示,希腊的攻势可能已经对英国当局产生了实质性影响。在最初的联大辩论中,联合王国主要强调《联合国宪章》第2条第7款:允许希腊的提案列入联大议程将是对英国国内管辖权的实质干涉。而"任何对联合国基本原则的违反将被联合王国视为越权行为,是绝不可接受的",[1]但是,某一问题不是国际关注事件这一论点难以在国际机构中坚持。在联大提出该问题这一事实,加剧了此事不仅仅是一国国内政策的争论。仅联大辩论就让英国的立场变得尤为艰难了,有值得尊重的权威观点认为,在不考虑被讨论的问题性质的情况下,对问题进行讨论并不构成"干涉"。而无论一个问题是否是有争议的,争辩时间越长,持肯定立场的就越有说服力。所有这些因素的产生都是有利于希腊的。到第11届联合国大会时,英国让步了——为以前绝不退让的英国嵌进了第一个重要的楔子。

英国新的法律辩护立场在某种意义上彻底颠覆了《联合国宪章》第2条第7款。塞浦路斯问题的确是可以在联合国大会上讨论的国际问题。但是,它不是一个简单的通过英塞双方协商就可以解决的殖民问题。更确切地讲,它是一个牵涉希腊、土耳其和联合王国的复杂问题:

---

〔1〕 11 U. N. GAOR, 1st Comm. 221 (1957).英国也支持法国就阿尔及利亚问题提出的一个相似的观点。参见 10 U. N. GAOR 174-5 (1956)。

三个国家都关注塞浦路斯问题。首先，联合王国说：塞浦路斯岛的主权现在属于我们。保护塞浦路斯的和平和塞浦路斯人民的福祉是我们的责任。

……希腊族塞浦路斯人占了塞浦路斯人口的绝大多数。加之他们的文化和宗教与希腊相近，他们也渴望与希腊合并。因此，塞浦路斯岛对希腊来说有重大利益。然后是土耳其。有相当多的土耳其族塞浦路斯人生活在塞浦路斯岛上，他们视土耳其为其祖国。塞浦路斯岛可以掩护土耳其的南部各港，并且历史上与土耳其之间有长久的联系，对土耳其有巨大的战略重要性。

因此，这是一起三国在塞浦路斯问题上各有利益的事件——而这的确无可置喙。它是个涉及三方的问题。[1]

在塞浦路斯问题的早期联合国辩论中，希腊政府寻求将土耳其排除在有关塞浦路斯未来的任何国际谈判外。希腊政府主张，英国可按照与希腊及塞浦路斯人谈判确定的程序，轻松地将既有的民族自决原则适用于塞浦路斯，塞希合并是选项之一。英国基于其新立场对希腊的主张做出回应，在决定塞浦路斯未来这一问题上，像民族自决这样简单的口号已经不能解决如此复杂的国际问题了。

在重新获得攻势地位的努力中，希腊也改变了自己的立场，它坚称"英国代表说所涉及的三国政府都是塞浦路斯问题中的直

---

[1] 13 U. N. GAOR, 148 (1958).

第二章 1958年英国政府放弃塞浦路斯主权的决策

接当事方时,已经在表达一种殖民主义观点。塞浦路斯人民构成了唯一直接相关的当事方;对希腊政府而言,它担任的角色仅仅是塞浦路斯人民的发言人"。[1] 总之,希腊认为塞浦路斯事件不是国际问题,而是国内问题。

英国论辩的表现或许是因为律师们干得不错,但也有可能会使英国决策者对他们的根本立场所具有的优势心生犹疑。在刑事法庭,不一致的观点有其位置,但它们的不一致一定会让人对被告的行为产生疑问。当场所是国家间的国际组织时,这一问题就会更突出。

随着时间的推移,英国立足于《洛桑协定》的主张越来越站得住脚,部分是因为希腊以矛盾的方式寻求使用条约。一方面,希腊代表主张土耳其已经根据该协议放弃了其在塞浦路斯的所有权利和利益;另一方面,他们又声称,对英国而言,此条约不能"冻结"(freeze)现状以否认殖民地人民的民族自决权。作为回应,英国坚称,《洛桑协定》已经解决了塞浦路斯岛的主权问题,直到并且除非英国另做决定。希腊和土耳其都是《洛桑协定》的签署国;都没有保留关于塞浦路斯的任何权利,就如希腊在多德卡尼斯群岛(Dodecanese Islands)问题上所做的那样。允许希腊的请求将会开放每一个领土和边界协议。"如果该原则得以接受,那么就不会有永久的国界。这种方式将被用来煽动纷争,鼓动进行领土调整,制造种族和宗教冲突,并且利用这个组织达成这些目的。"[2]

---

[1] 13 U. N. GAOR, 1st Comm. 315 (1958).
[2] 9 U. N. GAOR, 53 (1954).

这种忧虑足以使许多联大成员怀疑希腊的主张。但是,经一致同意的协议禁止缔约国违背协议条款这一观点并不能使在协议条款协商中没有发声的人民受到协议约束。尽管由于塞浦路斯人民没有资格在联大提出塞浦路斯问题(因此这一漏洞被掩盖了),但是,大概英国官员也明白这一点。随着各个英属殖民地获得自由,殖民统治的非永久性——并且条约体系为此提供了法律根据——必须得到强调。塞浦路斯的形势引起了一些特别的问题,延缓了这一进程。但是,看到大英帝国随着时间的推移分崩离析,这一进程必定是不可阻挡的。

　　最后,希腊对于塞浦路斯民族自决的要求最终似乎对英国宣布放弃塞浦路斯主权的决定产生了深刻的影响。在考虑塞浦路斯问题的前两次联大会议上,联合王国代表主要依据《联合国宪章》第2条第7款提出其立场。他们对民族自决要求的实质性回应主要是指责希腊的请求是被掩饰的塞希合并运动的一部分,并且因此是"外国力量干涉国内事务以获取领土"的努力的一部分。[1] 但在1957年,英国代表在缓和对《联合国宪章》第2条第7款的反对的同时,也同意民族自决原则是"(英国)的非自治领土政策指南",这些非自治领土包括塞浦路斯。[2] 然而,他们的发言充斥着模棱两可的修饰语:"无条件地适用民族自决将会颠覆任何地方已成立的政府,并且只会造成混乱。"[3]

　　1956年12月,英国官员采用了新的思路。[4] 他们宣布了

---

[1] 9 U.N. GAOR, Gen. Comm. 8 (1954).
[2] 11 U.N. GAOR, 1st Comm. 221 (1956－7).
[3] 同上注。
[4] 562 H.C. Deb. (5th ser.) 1267－79 (1956).

另一套"有限自治政府"的建议,并称如果该提议在塞浦路斯一段时间内实行良好的话,希腊族塞浦路斯人将被给予机会选择与希腊合并。然而,如果希腊族塞浦路斯人选择塞希合并,则土耳其族塞浦路斯人也应被允许进行一次独立的投票。并且如果他们选择加入土耳其,则塞浦路斯岛一分为二。尽管该计划从未得以详细说明,但假设这种情况发生,那么土耳其将会得到塞浦路斯岛的大约18%,或是一块与土耳其族塞浦路斯人口占比差不多的土地。因此,大约650平方英里将成为土耳其的主权领土。

看似最不可能的是,英国认真地提出将分治提议作为一个良好的解决方案。塞浦路斯是"一块民族水果蛋糕(ethnographical fruitcake),希腊人和土耳其人就像蛋糕里的葡萄干一样混杂在每一个城市、每一座村落里,而且通常在每一条街道中"。[1] 需要进行大规模的人口再安置以分开希腊族塞浦路斯人和土耳其族塞浦路斯人。20世纪20年代希腊人与土耳其人的迁移历史表明,这种行为的人力成本将是巨大的。没有人相信这样的解决方案会得到希腊族塞浦路斯人的赞同。相反,这个将该岛一分为二的所罗门式建议,更像是一个意在使希腊的民族自决要求无效的策略性措施。简而言之,该提议似乎对双方都有好处:希腊族塞浦路斯人将有机会决定其未来,土耳其族塞浦路斯人也是。在这一点上,英国不必考虑其他2%或3%既不是希腊族也不是土耳其族的塞浦路斯人。

希腊政府自然反对分立塞浦路斯的建议。"作为一个整体的塞

---

[1] Foley, *Legacy of Strife* 87 (1964).

浦路斯是一个生命体。除非将它杀死,否则不能将其分割开。"[1]该计划是"一项将产生最严重的国际影响和后果的创造"。[2]但是,在1957和1958年,土耳其驻联合国代表接过了这一观点并纳为己用。塞浦路斯由两个不同的民族组成,如果主权发生变动,那么唯一的问题就是在岛上何处划界以分隔希腊人和土耳其人。"在塞浦路斯的情况下,根据国际法,在法律或者政治语境下对'多数'和'少数'这两个词语的使用,都是不正确的……只有在构成国家或者构成政治实体的民族的情况下,这些用语才被用于暗指法律后果。"[3]事实上,根据《联合国宪章》第73条,英国应"义不容辞"("duty bound")地考虑两个群体的愿望。[4]

希腊提出了一系列广泛的法律理由以反对分治,但似乎每一条理由都只是进一步削弱其进行民族自决以实现塞希合并的要求。当土耳其接受分治提议的时候,英国退缩了一些。"英国并不支持分治,只是一些人提倡将分治作为一个解决方案,英国不得不考虑这一事实。"[5]法律就这样为英国提供了一种让他们自己能精确地摆出其或许想要的公开姿态的工具:在两个对立的国家之间发挥缓和的影响力。至少在某种程度上,英国看起来是努力解决冲突的正直中间人,而不是冲突的始作俑者。

英国认为维持其对塞浦路斯的主权是至关重要的,而上述花招严重损害了英国这一立场的可信度。1958年整整一年,英国

---

[1] 11 U. N. GAOR, 1st Comm. 234 (1957).
[2] 同上注。
[3] 13 U. N. GAOR, 1st Comm. 256 (1958).
[4] 同上注。
[5] 同上注,第308页。

代表在联合国的多次辩论中都没有表明在某一确定的日期放弃主权的意愿。但在1957年,他们明确承认过这一天终将到来。那年英国新首相麦克米伦(Mr. Macmillan)上任,他急于解决塞浦路斯问题。唯一的问题就是在什么时候以及什么情况下解决。

正如我们所知,1958年马卡里奥斯宣布他准备接受一个独立的塞浦路斯。没有外人知道马卡里奥斯为何突然转变立场;在此之前,他没在任何公开场合认真详细地讨论过塞浦路斯独立问题。而主要原因可能是分治提议有效地阻碍了塞希合并的法律基础。据报道,马卡里奥斯极其担忧英国会把分治计划进行到底。1958年6月,当英国首相宣布治理塞浦路斯的所谓"麦克米伦计划"时,[1]英国官员再次提出分治可作为最终解决方案;他们非常明确地指出土耳其将对任何最终安排有绝对的否决权。无论如何,迫使英国接受塞希合并的必要国际支持已被严重削弱。

印度自联合国辩论开始就持有的立场进一步削弱了希腊和希腊族塞浦路斯人有关民族自决权的主张:

> 我们政府的立场是支持并希望,如果可以的话,根据各族人民的愿望建立国家、实现独立……如果自由和自治是议题的话,我们将支持该项文件。……有三个诉求方,分别是

---

[1] 该计划提议,塞浦路斯岛上的每个族群将通过各自的议会来管理各自族群的事务。总督、希腊和土耳其代表以及由两个议会选出的塞浦路斯人共同来管理政府。外交、国防事务和内部安全将由总督负责,并与希腊和土耳其代表协商行事。一个公正的法庭将废止任何被希腊或土耳其政府指称具有歧视性的法令。最后,7年内暂停审议塞浦路斯的国际地位,以观察该计划的运行情况。参见 Cyprus: Statement of Policy, Cmnd. 455 (1958); Stephens, *Cyprus: A Place of Arms* 154-6 (1966)。

英国、希腊和如今的土耳其。这一问题可能很快将对任何人都开放！因此我们认为塞浦路斯岛作为塞浦路斯人民的家乡,应享有国家地位和独立。[1]

　　印度由于其面积和人口成为发展中国家的领导者,并且曾经作为英国的殖民地,对分治问题有第一手经验,因此,印度的意见有说服力。许多新近独立的国家本来可能会支持希腊的观点,但发现印度的观点更令人信服。

　　联合国大会上对独立问题的争论也必然会影响到英国政府。在马卡里奥斯表示支持独立以后,希腊在第13届联合国大会上提出一个解决方案,同时提出了保障土耳其族塞浦路斯少数群体利益的措施。尽管土耳其代表表示反对,但他们表示唯一担心的是,希腊主张塞浦路斯独立是"策略性地重述其塞希合并主张"。[2]

　　最重要的是,英国官员说,英国从未在与希腊和土耳其的三方会谈中拒绝考虑最终实现塞浦路斯独立的问题,尽管只是独立并不能解决基本问题。英国此前提出了一个站不住脚的分治计划,根据该方案,英国将在未来某个不确定的时间将主权移交给塞浦路斯。因此,英国若要拒绝一个更合理且符合其此前放弃其他前殖民地主权的传统的安排,将会面临很大的压力。另外,时间仍是问题,因为英国竭力主张,在就塞浦路斯未来地位做出任何决定之前,应先实行一段时间的自治。希腊显然不反对这一建议;尽管希腊关于塞浦路斯独立的提议表明英国需立即做出决策,但在

---

[1] 9 U. N. GAOR, 59 (1954).
[2] 13 U. N. GAOR, 1st Comm. 254 (1958). 希腊的立场请参见 9 U. N. GAOR, 249 (1954)。

实际移交主权之前应实行一段时间的自治也是该提议的一部分。然而,当希腊和土耳其代表最终在苏黎世会见时,他们显然看不到再继续等下去的理由。

(2)欧洲人权委员会。宣称英国侵犯人权一直是希腊代表就塞浦路斯问题向联合国陈述的一个主题。塞浦路斯总督及其下属在联大被指控实施酷刑、非法逮捕、未经审讯监禁、对各村处以高额的集体罚款、虐待儿童等罪行。联大为将这些指控公之于众提供了一个重要场所,但却没有常设机制对侵犯人权的指控进行调查。它偶尔建立起调查机制,但仅仅是根据需要建立。希腊敦促联大委派一个由"中立且公正"的成员组成的事实调查委员会调查英国的暴行,[1]但这一提议从未被认真考虑。

在某些情况下,有控告机会却不用冒实施调查的风险恰恰是指控者想要的。但在这一情况中,希腊显然认为,拥有事实调查权的国际机构会给英国带来额外的压力。《欧洲人权公约》提供了这样一个机构。

正如我们所见,根据《欧洲人权公约》的条文,希腊被要求只证明存在初步违反(a prima facie violation)。由于英国已将其因为紧急状态而正在采取减损公约义务的措施通知了欧洲理事会秘书长,希腊可能在做初步证明上没什么困难。英国当局在塞浦路斯正式采取的镇压措施——流放马卡里奥斯,对持有武器者处以死刑、宵禁等等——是被公开记录的事实。对英国暴行的指控在报纸等媒体上随处可见。欧洲人权委员会的程序要求英国证明其没有违反《欧洲人权公约》,这对希腊而言是理想的程序处

---

[1] 11 U. N. GAOR, 1st Comm. 234 (1956-7).

理方式。

1956年6月,欧洲人权委员会任命了一个调查小组委员会;在接下来的两年,该小组委员会访问了塞浦路斯,调查了各项指控,并给出了一份秘密报告。之后,欧洲人权委员会将少数派意见与多数派意见送交欧洲理事会部长委员会。这些意见也是机密。1957年7月,希腊第二次提交申请,指控英国应为49起酷刑案件承担责任。欧洲人权委员会认可了其中29个,其他指控因为没有用尽当地救济而被排除。同样成立了一个小组委员会以认定案件事实。在欧洲理事会部长委员会对任一案件做出裁决前,苏黎世会议就达成了解决方案。希腊和英国遂要求欧洲人权委员会结案。尽管欧洲人权委员会并无义务结案,但它仍然同意了。

大概欧洲人权委员会内部要承受不公开谴责其成员国的巨大压力。但是,存在两年半的指控一定是影响了英国政府,使其不仅废除或放松了希腊所指控的措施,而且促使其从塞浦路斯岛脱身。至少,一个"有权决定一缔约方根据《欧洲人权公约》第15条采取的(紧急)措施是否已达到紧急情况所严格要求的程度"的国际机构的存在,使英国应对"埃欧卡"的行动复杂化了。可能最重要的是,欧洲人权委员会做出的不利判决将会严重打击英国的公共形象。

(3)北大西洋公约组织。北约是第三个对英国做出放弃塞浦路斯主权的决定具有重大影响的国际组织。然而,北约的影响在于调停,而不是提供一个公开场所——如联合国大会——供展示各种法律、政治和道德观点,也不是提供机会向调查机构——如欧洲人权委员会——提出与国际法相对应的刑事指控。

希腊和土耳其都不是《北大西洋公约》的创始缔约国,但都在

1951年成为北约成员国。[1] 第二年,北约就在土耳其伊兹密尔(Izmir)建立了北约东南欧司令部(NATO South-East European command)。从1954年塞浦路斯争端伊始,英国就辩称维持完整主权对履行其北约义务至关重要。两个主要的军事基地坐落于塞浦路斯岛。自1954年英国中东司令部迁移到塞浦路斯之后,英国便宣称"塞浦路斯是(北约)防御系统中不可或缺的部分,为了确保中东的稳定,英国必须在塞浦路斯拥有完全的行政管理权……"[2]塞尔温·劳埃德(Selwyn Lloyd)宣称,"塞浦路斯对履行那些责任至关重要……在主权命运上没有可接受的替代选择。完全的行政管控是必要的,因为租约到期,条约有被逐渐削弱的习惯……而希腊政府,也如其他政府一样会改变",[3]以此强调英国的条约责任范围,尤其是对北约的责任。英国明显吸取了《英埃条约》的经验教训。

然而,到1957年,英国代表表明存在和解空间。英国"负有不能忽视其根据《联合国宪章》第51条,作为集体自卫组织的一个成员所承担的战略责任的义务"。[4] 但在这些责任和利益之

---

[1] North Atlantic Treaty, T. I. A. S. No. 1964, 34 U. N. T. S. 243 (1949); Protocol to the North Atlantic Treaty on the Accession of Greece and Turkey, T. I. A. S. No. 2390, U. N. T. S. 350 (1951).《北大西洋公约》第5条规定,"对一个或更多(缔约方)的武装攻击……将被认为是对所有成员国的攻击……"。《希腊和土耳其加入北大西洋公约议定书》第2条将这一规定扩大到包括"对任何一方位于……地中海或其上空的……军队、船舶或飞机的……武装攻击……"。然而,由于外部观察者并不完全清楚的若干原因,《北大西洋公约》第5条并未涵盖对处于缔约方管辖下的地中海岛屿的攻击,不像是对"处于任何缔约方管辖下的、位于北大西洋北回归线以北区域的岛屿"的攻击。

[2] 9 U. N. GAOR, Gen. Comm. 9 (1954).

[3] 同上注,第54页。

[4] 12 U. N. GAOR, 1st Comm. 346 (1957).

下仍有妥协的余地。并且到 1958 年,终点在望。英国在塞浦路斯的战略需求对解决塞浦路斯问题的过渡或最终方案都不构成严重障碍。不仅是因为这些要求适度且容易满足,而且作为对维护本地区稳定与安全的必要措施,希腊和土耳其都整体接受了这些要求。这一时期自始至终,北约以及通过北约施加的压力是一个重要的因素。

在争论的初始阶段,这些压力是间接的,很大程度上是因为希腊试图将塞浦路斯问题排除出北约的考虑范围。由于一些原因,希腊将联合国视为更佳的战场。最重要的是,希腊要求民族自决的盟友显然是新独立的发展中国家,而这些国家没有一个是北约成员国。在北约,希腊只能指望冰岛支持它。此外,在北约的讨论中,军事战略是首要关注的重点。从战略角度看,保持现状是十分令人满意的,并且远远好过民族自决的不确定性以及希土之间的仇恨。最后,相比北约的秘密会议,联合国大会的公开议程为向世界宣扬希腊族塞浦路斯人的立场提供了一个更好的机会。

事实上,直到 1956 年,北约都没有正式的解决成员国之间纠纷的调解程序。这使得英国难以提出有利于在北约内部解决塞浦路斯问题的主张。1956 年之后,希腊宣称,联合国已经接手此事,北约的讨论不能取代联合国的初始管辖权。

尽管希腊没有选择在北约内部解决塞浦路斯问题,但希腊政府还是采取了几项措施鼓励北约成员国,尤其是美国,对英国施压。1955 年 9 月,希腊拒绝参加北约的军事演习,并且在大主教马卡里奥斯被放逐 6 个月后,希腊的空军和海军基地向英国和土耳其军队关闭。希腊军队也撤出了北约位于土耳其伊兹密尔的军事基地。并且,希腊国内对塞浦路斯问题处理结果的不满,是导致希腊政府拒绝允许北约在其领域内设核基地的主要原因。直到1957年马卡里奥斯被释放,希腊才和北约在东地中海的其他力量恢复全面合作。[1]

在此期间,为了回应——也许是报复——希腊的行为,土耳其也数次从北约行动中撤军。此外,希腊和土耳其间的紧张关系是《巴尔干公约》(Balkan Pact)瓦解的主要原因,北约和南斯拉夫之间的主要纽带。[2] 所有这些压力严重损害了北约的团结。该组织南翼的缺口迅速扩大。美国尤为担忧,并且对英国——以及希腊和土耳其——施加巨大压力,以解决此争端。英国军队在该岛的基地被岛内暴动占领,同盟内的不和削弱了对付苏联的联合阵线,在一定程度上降低了维持对塞浦路斯主权的战略价值。以上种种显然是希腊谋划的一部分,即利用北约向英国和土耳其施压,使其接受塞希合并。尽管这一计划最终没能实现,但它一定打击了英国继续留在岛上的决心,尤其是在从1954年到1956年争端的初期。

同时,争论也是促使于1956年5月成立三方委员会(Committee of Three)的因素之一。该委员会"是要向理事会提出路径和方法,以增进和扩大北约在非军事领域的合作,以及促进大西洋共同体团结一致"。[3] 6个月后,三方委员会提出了一系列处理组织内部政治争端的新安排。[4] 首先,所有通过直接协

---

[1] Royal Institute of International Affairs, *Cyprus: the Dispute and Settlement* 35 (1959).
[2] Ball, *NATO and the European Union Movement* 142 (1959).
[3] Baumann, *Political Cooperation in NATO* 20 (1960).
[4] Non-military Cooperation in NATO: Text of Report of the Committee of Three (Dec. 1956), 5 NATO Letter, Special supplement to No. I, I Jan. 1957.

商不能解决的此类争议应该在诉诸其他国际组织前先按程序提交北约处理。其次,每个成员国和北约秘书长都有权利和义务将任何威胁到北约的"团结和影响力"的争端直接提交给北约理事会。最后,北约秘书长应当在争端方之间斡旋,并在他们同意的情况下"启动或促进调查、调停、调解或仲裁程序"。北约理事会的部长会议最后采纳了这些提议。

作为上述新安排的结果,北约有资格去尝试解决塞浦路斯争端。英国代表表示,如果希腊撤回在联合国的诉请,英方将接受北约的调停。然而,希腊虽然接受了新的程序,但有一项保留,即这些程序将不适用于已提交到其他国际机构的事项。希腊在做出保留决定时就是考虑到塞浦路斯争端,并且坚持了它的立场。尽管如此,1957年初,北约秘书长仍斡旋以实现双方和解。但可能正如所预料的,英国和土耳其接受了和解提议,而希腊拒绝了。据报道,希腊代表愈发担心北约调停会导致分治——一个似乎照顾到所有方的解决方案。因此,希腊代表宣称,由于联合国已经受理此案,他们就不能在联合国以外考虑此问题,而且根据联大1956年决议,英国有义务直接与塞浦路斯人协商。

随着岛内恐怖主义活动加剧,以及希腊和土耳其之间的不和加深,1957年新任的北约秘书长保罗·亨利·斯帕克(Paul Henri Spaak)再次试图将双方团结起来。[1] 斯帕克最终提出的解决方案,实质上是麦克米伦计划的一种修改。希腊曾短暂地表示过愿意接受将此提议作为谈判基础,这明显是推迟麦克米伦计划实施

---

[1] Discussion on Cyprus in the North Atlantic Treaty Organization, Sept.–Oct. 1958, Cmnd. 566 (1958).

的努力。但是,英国官员明确表示他们将实施其计划,而希腊再次回到联合国。

北约的所有这些努力一定已经使英国更清醒地认识到,它的北约盟国对于影响组织防御力的愈益恶化的痛处正日益不耐烦。同时,斯帕克提议和麦克米伦计划的失败也昭示了继续维持英国统治的"有限自治"不能再为解决方案提供基础。一些新的解决方案必不可少。一个独立的塞浦路斯即为其中之一。

第三章　1963年塞浦路斯政府提议修改
　　　　　《苏黎世-伦敦协定》的决策

　　希腊和土耳其两国政府的谈判努力始于1958年底两国驻联合国代表的会谈。两国的谈判在1959年2月的苏黎世会议上达到最高级别,参加谈判的是希腊首相卡拉曼利斯(Karamanlis)和土耳其总理曼德列斯(Menderes)。苏黎世会议之后,在伦敦召开了由希腊和土耳其官员,以及英国代表和塞浦路斯希腊族和土耳其族代表参加的会议。这两次会议做出了实现塞浦路斯独立的系列安排,塞浦路斯独立受被称作《苏黎世-伦敦协定》的一系列相关协议条款的约束。1963年11月,塞浦路斯共和国的总统马卡里奥斯大主教提议对这些协定中涉及塞浦路斯共和国宪法的部分进行一系列的修改。[1] 因

---

[1] Makarios, "Proposals To Amend the Cyprus Constitution", *International Relations* (Athens), Apr. 1964, pp. 8 – 25. 宪法修正案如下:"1. 废除共和国总统和副总统的否决权。2. 共和国总统暂时不在或不能行使职责时由副总统代理行使总统职权。3. 众议院希腊族人议长和土耳其族人副议长由众议院统一选举,不再按以前分别由希腊族、土耳其族议员的绝对多数选举产生。4. 当众议院议长暂时不在或不能行使其职责时由副议长代理行使议长职权。5. 废除宪法中关于众议院分别以希腊族或土耳其族议员的绝对多数通过法律的条款。6. 建立统一的市政机构。7. 统一司法权。8. 取消对保安部队中警察和宪兵的区分。9. 共和国军队和保安部队的员额由法律决定。(转下页)

第三章 1963年塞浦路斯政府提议修改《苏黎世-伦敦协定》的决策

此本章研究的主题是塞浦路斯国内法律体系的失效如何导致了上述决策,以及在明显排除替代性决策的外部压力中,法律的作用。

塞浦路斯宪法是1960年条约的关键[1]。宪法规定,塞浦路斯共和国总统由希腊族人担任,副总统由土耳其族人担任,分别由各自的族群选举产生。他们的行政权力实质上是互相制衡的,彼此可以阻止对方的重大行为。司法部长和副部长以及其他主要行政部门的正副行政长官也必须从两个民族中分别选任。10名部长组成的部长理事会掌握其余的行政权力,其中总统任命7名部长,副总统任命3名部长。立法权归属于议会。70%的议员从希腊族塞浦路斯人中选任,30%的议员从土耳其族塞浦路斯人中选任。塞浦路斯的全部公职人员也必须由希腊族和塞浦路斯族按7∶3的比例分配;在军队中,希腊族和土耳其族的比例是6∶4。对土耳其族塞浦路斯人利益的制度性保护被嵌入了塞浦路斯宪法,其中要求各级政府都有土耳其族人代表,并且在大部分领域中,土耳其族人对重要决策都有否决权。关键或者"基础性"的宪法规定"不得以任何方式修改,无论是更改、增加或者废止"。其他规定仅在取得每一族代表的三分之二以上多数同意后可以修改。塞浦路斯宪法199个条文的几乎每一条的起草,都考虑到保持作为多数群体的希腊族和少数群体的土耳其族之间脆

(接上页)10. 希腊族和土耳其族构成共和国公务人员的比例和军队组成比例,由原来的7∶3和3∶2改为按希腊族和土耳其族人口的实际比例计算。11. 公共服务部门的组成数量从10个减至5个。12. 公共服务部门的所有决议以简单多数通过。13. 取消希腊族民族院。"

[1] 对塞浦路斯宪法条款和1960年条约其他部分的详细分析参见 Kyriakides, *Cyprus: Constitutionalism and Crisis Government* 53–71 (1968)。

弱但永恒不变的平衡。不同族群间的不信任弥漫在整部宪法中。

但1960年的解决方案不是只靠塞浦路斯宪法。如果有利于土耳其族塞浦路斯人的宪法保证被违反，国际保证就会起作用。根据《保证条约》，塞浦路斯、希腊、土耳其和英国保证禁止一切意在促使"该岛直接或间接与（希腊）统一……或使该岛分治"的行为。塞浦路斯也承诺确保"尊重塞浦路斯宪法"，并且希腊、土耳其和英国不仅承认并保证"塞浦路斯共和国的独立、领土完整和安全"，而且承认并保证"宪法（不可修改的）基本条款所形成的事态"。如果发生违反条约的情况，各保证国将共同协商，但是，"至于共同抑或共商的行动证明是不可能的"，所以每一方都保留了"为恢复现行条约所规定的事态这一唯一目的而采取行动的权利"。第二个协定即《联盟条约》，要求塞浦路斯、土耳其和希腊政府采取合作措施保护塞浦路斯，包括一个永久的三方军事总部，希腊和土耳其分别驻军950人和650人。第三个协议即《塞浦路斯建国条约》，宣布英国对总面积99平方英里的两个军事基地保有主权。

人们不禁会说，该计划注定昙花一现，不会有持久成功的任何机会——要求调查死因的验尸官的血统必须与死者的血统相一致的宪法只会失败。1960年解决方案的文件内容极其详细，经常重复，偶尔还含糊不清。尽管存在这些重大缺陷，但该方案的确展现了解决许多难题的设想路径。如果给予耐心，并且每一方能有妥协精神，该方案也许可以发挥作用。这不是一个具有示范意义的草案文本，但在那样的境况下，这已经是能希求的最好结果了。然而，当时存有共识——相关协定发挥作用需要两个民族切实友好。如我们将会看到的，希腊族塞浦路斯人和土耳其族塞

第三章 1963年塞浦路斯政府提议修改《苏黎世-伦敦协定》的决策

浦路斯人在1960年维持着友好关系,但在1963年秋,这种友好关系便破裂了。两个民族的团结出现了巨大的裂痕。结果,主要的行政部门停止运行。在至关重要的税收、军队、公共服务及市政责任事项上,希腊族塞浦路斯人和土耳其族塞浦路斯人陷入僵局。

在大主教马卡里奥斯和绝大多数希腊族塞浦路斯人看来,1963年秋塞浦路斯所面临的问题,是1960年条约和他们施加于希腊族的自治限制所固有的。那些限制在讨论1960年条约的实施时更为明显。在这一点上,就足以照马卡里奥斯看待问题的方式来描述问题,并在他可以选择的范围内提出建议。

至1963年,甚至更早,马卡里奥斯明显希望终止整个1960年的解决方案,并设计一套新的制度安排来取消土耳其族塞浦路斯人的某些权力、消除保证国对塞浦路斯命运的所有掌控权。单方面废除1960年的所有协定是大主教回应危机的所有可能决策中的一种选择,另一种选择是除了完全在1960年条约的框架内重新努力行动,什么也不做。介于两者之间的则是对部分或全部协定可能进行的一系列修改,这些修改提议会在各种场合以不同的方式提出。

这个问题在1963年11月得到了解决,当时大主教马卡里奥斯给副总统库楚克(Kutchuk)发送了一份备忘录,提出了13项宪法修改建议。那份备忘录复制件被送往英国、希腊和土耳其三国政府。一些修改,例如授权副总统在总统暂时缺席或是无法正常履职的情况下代理后者,实际上比之前的宪法条款给土耳其族塞浦路斯人提供了更多保护。这些修改建议已经改动了一些"不可修改"的(基础性)条款,而这些恰恰是土耳其人在苏黎世和伦敦会议上拼命争取的结果,包括副总统的否决权、在立法机关通过重要立法时需双方分别满足多数要求、独立的市政机构、有限的安全力量,以及确保土耳其族塞浦路斯人在公共机构中的任职比例占30%、在军队中占40%。

在分析法律在决策问题的形成与解决问题的作用中,这一部分将沿用分析英国1958年决策时建立起来的模式。然而,需要强调这两个决策中的几个重要区别。第一个区别是,至于外部观察者能够确认的,大主教马卡里奥斯是决策者这一点,在某种意义上于本书所讨论的任何其他领导人而言是不符合的。显然,马卡里奥斯有顾问团队,在1958年麦克米伦没有授权去决定塞浦路斯问题。但是把各种情况综合起来,在塞浦路斯问题上将马卡里奥斯定性为塞浦路斯政府是合宜的,在这一点上可以对比英国,自二战以后,再也没有英国首相能宣称在任一事件中代表英国政府。首先,马卡里奥斯作为领导者的号召力使得塞浦路斯政府内部不可能进行集体决策。经常有人指责他要自己成为拉斯普金(Rasputin)而不让别人这么做。其次,1963年事件分化了塞浦路斯的两个民族,并且这一过程进一步将关键性的决策集中于马卡里奥斯大主教之手。最后,这一决策是走向塞浦路斯政府未来的心脏;1958年的塞浦路斯对英国而言是重要的,但难说是至关紧要的。

1958年英国政府的决策和1963年塞浦路斯政府的决策之间的第二个不同之处在于外国政府与国际协定所施加的各种压力在性质上的不同。在20世纪50年代,随着时间的推移,英国承受的这些压力逐渐增加,而且是直截了当和公开的。英国一直在抵抗这些压力并做出回应。当然,英国代表和其他国家的官员举行过许多秘密会谈,这些密谈中的一些细节仍不为公众所知。但是,希腊、土耳其以及塞浦路斯的两个族群所采取的主要方法路径是显而易见的。在做出决策前相当长的一段时间,这些方法就已经公开了。

第三章 1963年塞浦路斯政府提议修改《苏黎世-伦敦协定》的决策

在决定1963年事件时,大主教马卡里奥斯与希腊政府官员商议,可能也与英国代表商议过。显然他和副总统库楚克也讨论过这个问题。但是他掌握了主动权。主要的外部压力可能更多地来自于外国政府将对替代决策如何反应的期待方面,而不是来自于外国政府关于问题应当如何解决的全面、清楚地表达出的意见方面。区别在于压力的程度,而不是类型,但这一不同对于此处的分析具有重要影响。土耳其、英国和希腊三国政府,以及可能涉及的各种国际协定,对大主教马卡里奥斯的决策是重要的,主要是因为它们可能的反应。没有人能确定会有什么反应,而马卡里奥斯也从未公开表达过他对此的预判。因此,分析在外国政府和国际组织的压力下,法律在马卡里奥斯的决策形成过程中发挥的作用,很大程度上就是在推测马卡里奥斯的推测。若要分析具有价值,就要指出法律在决策制定过程中发挥重要作用的各种方式。

1963年和1958年的情况本身还有其他的一些区别。例如,在1963年,作为一个主权国家的领导人,马卡里奥斯已经可以直接进入联合国,而在20世纪50年代,一个主要问题就是缺少这一渠道。此外,在国际社会眼里,塞浦路斯土耳其族及其首领库楚克博士与塞浦路斯希腊族及其首领的法律地位不再同等。这些和其他差异直接影响到对比法律在两项决策中的影响的一切判断。

接下来的分析主要关注1960年方案的法律条款和到1963年这段时期1960年条约的履行情况。马卡里奥斯的决策部分是由苏黎世和伦敦会议建立的法律结构的崩溃导致的。因此,探析这一法律结构及其崩溃,对于理解法律在决策过程中的影响至关重要。然后,将转向分析由外国政府和国际协定所施加、影响决策过程的外部压力。

1960年条约的实施：1960—1963

在约两年半内，1960年方案运行尚好。保障希腊族和土耳其族塞浦路斯人和平共处的宪法机制也是如此。最高宪法法院的运行是一个很好的例子，也提供了令人感兴趣的、塞浦路斯在被英国统治了70多年后所面临的若干困难的例证。宪法要求最高宪法法院有三位法官：一位希腊族塞浦路斯法官，一位土耳其族塞浦路斯法官，以及一位中立的院长。这位中立的法官必须由塞浦路斯共和国的总统和副总统共同选出。大主教马卡里奥斯和副总统库楚克博士共同选择了厄斯特·福斯多夫（Ernest Forsthoff）教授，一位来自德国海德堡大学的宪法和行政法泰斗。在1960年9月抵达塞浦路斯时，福斯多夫教授就面临着一系列难题。他接受的是大陆法系的训练，塞浦路斯宪法中的一些概念确实同大陆法而不是普通法传统更为相似。但是，塞浦路斯的绝大部分律师接受的都是塞浦路斯殖民时期英国法庭的训练，他们熟悉普通法的传统与方法。再者，每个民族都形成了自己的实体法，不仅实体法之间的差异很大，而且在许多方面与普通法或大陆法的差异也很大。[1]

最高宪法法院必须面对的首类问题之一，是因循体现异议观点的普通法传统，还是遵从阐发法院唯一观点的大陆法实践做

---

[1] 本段及下一段的历史是海德堡大学的埃德加·库尔（Edgar Kull）博士讲述给我的。库尔博士是福斯多夫教授在塞浦路斯最高宪法法院担任院长时的法律助理。

第三章　1963年塞浦路斯政府提议修改《苏黎世-伦敦协定》的决策

法？福斯多夫教授敦促希腊族和土耳其族法官遵从大陆法系的习惯做法，理论依据是，除了对一个抽象事物是非曲直的阐释外，普通法体现不同观点的传统将会削弱法院减少两个民族之间摩擦的能力。在涉及希腊族和土耳其族当事人的纠纷中，败诉一方的民族不可避免会期待来自本民族的法官的激烈异议，这只会使最高宪法法院的工作愈发困难。采用大陆法系习惯的理由被接受，在100多个案件中最高宪法法院给出了统一观点。其中许多案件牵涉到希腊族与土耳其族的重大问题，在一段时间里最高宪法法院发挥着重要的缓和作用。[1]

---

[1] 最高宪法法院做出的关于为两个民族院提供资金的补充拨款法令的裁决可以显示法院在这一时期内的独立性。参见 Vice-President of the Republic, and the House of Representatives, Supreme Constitutional Court, 14 Dec. 1961, 2 Reports of the Supreme Constitutional Court of Cyprus 144（以下简称 R. S. C. C.）。塞浦路斯宪法第88条规定，民族院拨款的最低分配率为200万英镑，比例为4∶1，但授权在此数额上增加拨款，"按照众议院可能决定的方式"进行分配。塞浦路斯副总统根据宪法第138条就此规定向最高宪法法院起诉，指控该规定对塞浦路斯土耳其族具有违反宪法的歧视性。众议院否认了这一指控，理由大概是宪法第88条赋予众议院对这一事项的排他管辖权。此外，众议院还主张将该事项提交给最高宪法法院是不正确的，因为宪法第138条只涉及预算，而该规定不是预算的一部分。（副总统本可以根据宪法第137条的规定提起诉讼以避免这个问题。宪法第137条适用于诉称具有歧视性的任何法律或众议院的决定。）最高宪法法院同意该规定不是预算的一部分，但仍然认为该规定不合宪，理由不是歧视，而是通过的程序无效。在向众议院介绍这项立法时，部长理事会也介绍了一项拨款规定，并且最高宪法法院认为这违反了宪法第88条第2款所隐含的要求，即众议院应将拨款问题视为一个独立的部分来审议。

对于如此严格地解释宪法的分权，几乎没有什么可说的。最高宪法法院自己表示，虽然部长理事会不能在提交众议院的法案中纳入拨款事项，但其可以"以适当的条款"建议拨款。同上引文件，第148页。就政府的实际运作而言，这种区别似乎完全没有必要。但是，这一裁决是最高宪法法院作为一个完全独立的机构，寻求解决民族间问题的一个很好的例子。

1961年春天,第一个表明塞浦路斯并不很和谐的明显征兆出现了,当时土耳其族塞浦路斯人越来越关注公务员并没有按照宪法要求的7∶3的比例充任。作为报复,众议院的土耳其族议员拒不支持推行塞浦路斯的税法。然而,总统命令根据1960年以前的所得税法征税,理由是对税务事项进行单独表决的权利不包括"在其他不相关需求上使用此特权的权利"。[1] 1963年2月,最高宪法法院裁定1960年之前的法律不再有效,因此就不存在税款核定或税收征收机制。[2]

同年的晚些时候,部长理事会投票赞成建立一支由来自两个民族的士兵合并而成的军队。但副总统库楚克博士利用宪法赋予他的权利否决了这一决议,理由是一支两族士兵混编的军队将不能正常运作。因此,马卡里奥斯宣布他再不会建立军队。[3]

在这些争议的余波中,马卡里奥斯第一次表明,他将不会默认土耳其族塞浦路斯人对多数人决议享有否决权,即便它们符合宪法规定。1962年1月,马卡里奥斯指责《苏黎世-伦敦协定》授予土耳其族塞浦路斯人"不公正"("beyond what is just")的权利以保护他们,而且"因为土耳其族少数群体滥用这些宪法权利,对国家的顺利运行设置障碍,我有义务去忽视或者修改这些妨碍国家机构运作的条款,并且,如果这些条款被滥用,会危及国家的存在"。[4]

---

[1] *Observer* (London), 2 Apr. 1961, p. 4, col. 1.

[2] Vasos Constantinuo Kyriakides, and the Republic of Cyprus, Supreme Constitutional Court, 8 Feb. 1963, 4 R. S. C. C. 109.

[3] 参见 *The Times* (London), 23 Oct. 1961, p. 9, col. 5。塞浦路斯宪法规定,2 000人的军队应由60%的希腊族塞浦路斯人和40%的土耳其族塞浦路斯人组成,但宪法没有具体规定是否要将两个民族的军队合并。

[4] Id., 5 Jan. 1962, p. 10, col. 5.

第三章　1963年塞浦路斯政府提议修改《苏黎世-伦敦协定》的决策

三个关键的具有争议的要求是：公务员7∶3的比例，所有税务法案都要求获得众议院中各族群代表的多数同意，以及在最大的五个城镇设置独立的土耳其族人市政机构。相比前两个，第三个事项是主要问题。

马卡里奥斯和众议院的希腊族塞浦路斯议员从一开始就拒绝在这些城镇中设立独立的土耳其族人市政机构，大概是因为这会使土耳其族塞浦路斯人在地方拥有太多权力。1963年初，事情到了紧要关头，部长理事会引用独立前的法令，并宣布这五个城镇是受部长理事会成立的特别委员会管理的"改造区"（"improvement areas"）。[1] 根据这一安排，土耳其族塞浦路斯人就失去了对自己所属地界的管控了。

作为回应，土耳其族民族院一方面通过了自己的"土耳其族市政法"，另一方面请求最高宪法法院裁决部长理事会的命令无效。1963年4月25日，最高宪法法院支持了土耳其族民族院的请求，其中一项理由就是部长理事会的命令违反了宪法关于在五个城镇设立单独的市政机构的规定。[2]

希腊族塞浦路斯法官第一次提出异议。鉴于该宪法条款对土耳其族塞浦路斯人的重要性，一个宪法基本条款仅仅借由不能设立市政机构就能被规避这一争论似乎是荒谬的。尽管如此，在两年多的一致意见之后，这一异议却清晰地显示，两个民族的分

---

[1] 参见 The Times (London), 3 Jan. 1963, p.7, col. 3, id., 1 Jan. 1963, p.9, col. 5。所引用的法令是《村民（行政及改善）法》(Villager [Administration and Improvement] Law), The Statute Laws of Cyprus, c. 243, §4, (1959)。
[2] The Turkish Communal Chamber and the Council of Ministers, Supreme Constitutional Court, 25 Apr. 1963, 5 R. S. C. C. 59, 74–7.

歧越来越大。

同日,最高宪法法院裁决土耳其族民族院通过的"土耳其族市政法"也违宪,因为土耳其族民族院只能在"众议院对市政机构进行一般立法后……"才能就市政机构问题做出立法。[1] 土耳其族法官在这起案件中表示了异议。他和他的希腊族塞浦路斯同事一样,成为自己民族立场的公开拥护者。

整个1963年夏季和秋季,塞浦路斯的气氛一下子紧张起来。12月3日,马卡里奥斯公开宣布了他的13点宪法修改意见。库楚克博士也已经明确同意考虑这些意见。但在他发表意见之前,土耳其政府完全拒绝了它们。马卡里奥斯拒绝接受土耳其政府的拒绝函。数日内,战争开始了。[2]

正如一位评论员所写:"一件细微的事引发了冲突,但干燥的引火物和大量的燃料就在手边。"根据他的报道,两个希腊族塞浦路斯警察"要求几个土耳其族塞浦路斯人出示身份证,土耳其族人拒绝了;接着争吵起来,人群围了过来。这两个警察发现自己被包围了,于是拔出枪。双方似乎都开了枪。两个土耳其族人死亡,一个警察重伤。"[3]第二天,整个尼科西亚的战争打响,战火迅速蔓延全岛。

马卡里奥斯大主教和库楚克博士在平安夜的和平呼吁并没能阻止流血冲突。英国、希腊和土耳其政府做出同样的呼吁,但

---

[1] The House of Representatives, and the Turkish Communal Chamber, Supreme Constitutional Court, 25 Apr. 1963, 5 R. S. C. C. 123, 128.

[2] *The Times* (London), 7 Dec. 1963, p. 7, col. 3; id., 24 Dec. 1963, p. 6, col. 6. 18 U. N. SCOR, 1085th meeting 8-9 (1963).

[3] Foley, *Legacy of Strife: Cyprus From Rebellion to Civil War* 166-168 (1964).

第三章　1963年塞浦路斯政府提议修改《苏黎世-伦敦协定》的决策

也没能起作用。土耳其喷气战斗机在尼科西亚上空低空飞行,于是土耳其即将入侵的传言传遍了整个塞浦路斯。几天内,塞浦路斯成为国际危机的焦点。

塞浦路斯国内法律体系的失灵显然是促使马卡里奥斯决定改变1960年达成的协定的主要压力。但还存在相当大的法律阻力。与本书第二章所述的英国决策不同,那些压力主要来自塞浦路斯之外,尤其是土耳其。至少,这些压力影响了马卡里奥斯,使他得出了不简单地去废除1960年条约,甚或不要求修改全部协定的判断。相反,他只是提议修改与塞浦路斯内部事务最密切相关的那份文件[1]。这些修改能够解决最紧急的政务上的僵局。这些修改也将使不良国际反应的风险最小化,因为这些不良反应可能损害改变现状的任何努力及其长远成效。

正如之后在联合国明确表达的,塞浦路斯政府的法律立场是,"塞浦路斯宪法是强加于塞浦路斯的,宪法和《保证条约》共同作用的结果造就了塞浦路斯共和国的宪政发展被禁锢在婴儿期,使塞浦路斯作为一个主权国家,却一直被束缚"。[2] 得出的法律结论

---

[1] 正如本书第四章所讨论的,土耳其随后威胁根据《保证条约》进行军事干预,以执行1960年条约的条款。塞浦路斯代表回应称《保证条约》是无效的。之后,如本书第五章所述,他们也坚持塞浦路斯政府已经终止《联盟条约》,因为据称土耳其违反了该条约。但是,在一开始,塞浦路斯的主张只限于宪法以及修改宪法的需要。
据斯蒂芬斯(Stephens)所著《塞浦路斯:武力之地》(*Cyprus, A Place of Arms* 185-6 [1966]),塞浦路斯政府确实于1964年1月1日宣布其废除了《联盟条约》和《保证条约》。斯蒂芬斯先生报道,在塞浦路斯宣布之后,英国代表立即使马卡里奥斯相信这是一个错误,并发布了一项新的声明,宣称塞浦路斯政府只不过是寻求"以适当手段终止这些条约"。

[2] 19 U. N. SCOR, 1098th meeting 20 (1964).

是,1960年条约一定程度上妨碍了修宪,它们是"不平等、不公正条约,因此它们除了等于零,是无效的,什么都不是"[1]。

为了支持塞浦路斯的立场,一些国家主张,"不平等"条约——那些给实质上处于不平等谈判地位的国家施加负担的协议——本身就是无效的。[2] 根据这一论点,强迫是条约无效的一个理由,而当这些国家在谈判地位实质上不平等的情况下签订条约时,这些国家是"受强迫的"。

如果这一关于"条约必须遵守"的限定条件被认可,那么至少可以说1960年条约是"不平等的",因为谈判这些条约时塞浦路斯尚不是一个独立国家,并且采用英国人可接受的解决方案是塞浦路斯实现独立的一个条件。此外,希腊族塞浦路斯人和土耳其族塞浦路斯人代表在苏黎世会议上没有参与谈判的资格,而苏黎世会议确立了1960年条约的基础框架。尽管他们出席了对解决方案进行细化的伦敦会议,但是他们并未被塞浦路斯人民选作代表。[3] 更重要的

---

[1] 20 U. N. SCOR, 1235th meeting 25 (1964).
[2] 这是许多苏联作者的看法。参见 *International Law, A Textbook for Use in Law Schools* 248 (Academy of Sciences of the U. S. S. R., Institute of State of Law, Kozhevnikov [ed.], Ogden [trans.], no date); Talalayev and Boyarshinov, "Unequal Treaties as a Mode of Prolonging the Colonial Dependence of the United States of Asia and Africa", [1961] *Soviet Yearbook of International L.* 169。参见 McWhinney, "'Peaceful Coexistence' and Soviet-Western International Law", 56 Am. J. Int' L. 951, 957 (1962)。联合国关于法国占领比泽塔(Bizerta)的一个军事基地的辩论包括支持这一立场的其他国家的许多发言。参见 U. N. GAOR, 3d. Spec. Sess,. Plenary 63 – 4 (A/PV. 1002) (1961) (statement by the representative of Guinea)。参见 Lseter, "Bizerta and the Unequal Treaty Theory", 11 Int'l & Comp. L. Q. 847 (1962)。
[3] 然而,随后于1959年12月举行的选举表明,如果塞浦路斯人民能够选择的话,大主教马卡里奥斯和库楚克博士应能当选。此外,希腊与土耳(转下页)

是，提供给大主教马卡里奥斯和库楚克博士的选择实质上只是接受或拒绝解决方案。在伦敦会议结束时，对达成的协议，三国政府代表以签署备忘录的方式确定下来。备忘录"通告了"大主教马卡里奥斯和库楚克博士的声明，即他们"接受（在会议上签署的）文件……作为最终解决塞浦路斯问题的共同基础"。[1] 可是他们唯一能选择的就是拒绝，他们不能就协议的内容讨价还价。基于这些原因，塞浦路斯政府可以指控："这些包含过重责任的条约就这样强加给了塞浦路斯的大多数人民，使不平等、不公平和不公正的条约理论成为现实。"[2]

然而，塞浦路斯代表没有从这一立场推出其逻辑结论：整个1960年协议是无效的。部分原因可能在于担心英国与土耳其政府会回应称，若整个1960年协议无效，那么塞浦路斯仍是英国的殖民地。但没有人认真推进这一立场；塞浦路斯共和国成为联合国会员国已经超过三年，其"主权平等"也得到了《联合国宪章》的承认。更加重要的是，至少来自土耳其、英国，可能还有希腊的巨大压力都反对废除整个1960年条约。这些压力大部分是形成于法律条款。

1. 来自土耳其和土耳其族塞浦路斯人的压力

保障依据苏黎世-伦敦方案取得的各项权利是土耳其族塞浦

（接上页）其政府可能认为他们充分代表了塞浦路斯的两个民族，这一观点显然得到了绝大多数土耳其族塞浦路斯人和英国政府的赞同。并且，正如我们所看到的，历史上有很多证据可以支持这一论断。但是，这种代表应被视为满足民族自决的最低标准吗？这个问题很麻烦，因为就这些标准的内容几乎没有一致意见，就如何在适当条件下行使《联合国宪章》的民族自决权一样没有一致意见。

[1] Conference of Cyprus, Documents Signed and Initialled at Lancaster House, Cmd. 679, at 4 (1959).

[2] 19 U. N. SCOR, 1098th meeting 20 (1965).

路斯人的主要关切点,因此也是土耳其的主要关切点。就如1957年,土耳其国内有巨大的要求支持和保护土耳其族塞浦路斯人的压力。1960年5月,一小群年轻军官发动了一场不流血的政变,推翻了土耳其首相曼德列斯执掌的政府和他所属的民主党。一些报道认为,尽管土耳其的国内问题是引发政变更重要的因素,但对苏黎世-伦敦方案的不满是引发这次政变的原因之一。1961年,土耳其新的宪法通过,同年秋天举行了大选。民主党被解散,包括曼德列斯在内的民主党三位主要领导人被判处绞刑,其他领导人被监禁。在此次大选中,人民党获得多数票胜出,而新成立的、吸纳了许多原民主党成员的正义党紧随其后。在接下来的三年里,尽管人民党背后有军方支持,但武装干涉仍然可能发生。1962和1963年两年时间里,青年军官未成功的几次夺权,印证了这一点。因为土耳其伊诺努(Inonu)政府是由几个政党联盟组成的联合政府,所以土耳其的政治形势更为艰难。人民党虽然一直居于主导地位,但是在立法机构中从来没有占据多数席位。

尽管一点也不明朗,但是支持1960年条约有效的理由是实质性的。国际法学者的传统观点是,"条约不因一方被另一方胁迫(无论胁迫发生在签署时还是批准时或者两个时间都有发生)缔结,而得由被胁迫方主张条约为事实上的无效或可撤销"[1]。1963年出版的《国际法委员会条约法公约草案》(The International

---

[1] McNair, *The Law of Treaties* 208 (1965). 麦克奈尔勋爵提到,"胁迫国家本身,而不是……对其代表进行人身恐吓"。同前引书第208、209页。同时参见 *Harvard Research in International Law*, "Law of Treaties", Part III, 29 Am. J. Int'l L. Spec. Supp. 653, 657 (1935)。

第三章 1963年塞浦路斯政府提议修改《苏黎世-伦敦协定》的决策

Law Commission's Draft Convention on the Law of Treaties）则进步了："任何违反《联合国宪章》原则，使用武力或以武力相威胁而缔结的条约均属无效。"[1]一方面强调遵守条约义务的重要性，另一方面又明确要求国际协定必须以符合《联合国宪章》的方式缔结，这一表达试图在两者之间寻求平衡。但即使基于国际法委员会的"处方"，土耳其也可适当推知塞浦路斯人的主张不会坚持。尽管在1960年解决方案达成之前的数十年，暴力是塞浦路斯岛的家常便饭，但解决方案本身并不是靠暴力取得的。

而且，关于大主教马卡里奥斯——1959年伦敦会议希腊族塞浦路斯代表团的主席——是否自愿签署条约，存在重大争议。在会议结束仪式上，他表示："昨天我有某些保留。为了克服它们，怀着对塞浦路斯土耳其族及其领导人的信任与十足的善意，我这么做了。我坚信，有真诚的理解和相互的信任，我们能共同努力，消除书面条款与保证上的分歧。最有价值的是存在于人心的精神。我相信我们会彻底遗忘过去发生的所有争执。"[2]然而，四年后，他写道：

---

[1] International Law Commission, Draft Law of Treaties, Art. 36, U. N. Doc. No. A/5509, at 10 (1963). 1969年在维也纳举行的一次会议，对草案条款进行了一些小的修改和重新编号，并通过了该草案。最终版本见 U. N. Doc. A/Conf. 39/27 (1969); 63 Am. J. Int'l L. 875 (1969).
联大通过了《关于在缔结条约时禁止军事、政治或经济胁迫的宣言》，同时通过了《条约法公约》。参见 U. N. Doc. No. A/7697, Annex at 1 (1969)。该宣言"严厉谴责任何国家为了强迫另一国家从事与缔结条约有关的任何行为，违反国家主权平等和自愿原则，威胁或使用任何形式的压力，无论是军事、政治或经济的"。国际法委员会1963年草案的第36条成为了联大通过的《条约法公约》的第52条。参见 U. N. Doc. A/Conf. 39/27 (1969)。

[2] Conference on Cyprus, Final Statements at Closing Plenary Session at Lancaster House, Cmnd. 680, at 6 (Document XXX) (1959).

1959年2月,我作为希腊族塞浦路斯人的领导者受邀参加在兰开斯特大厦(Lancaster House)召开的会议,会上我对在苏黎世会议上、由希腊和土耳其政府达成、被英国政府接受的协议的一些条款提出了许多反对意见,并且表达了强烈的担忧。我非常努力地去改变哪怕是条约的部分条款。但我失败了,而且我面临着进退两难的境地:要么原封不动地签署协议,要么予以拒绝并承受随之而来的全部严重后果。我除了签署协议别无选择。这就是我不得已的必经之路。[1]

也许马卡里奥斯之前的申明是他出于尊重共同签字人而将"保留意见"最小化,但他的后一项声明看似同样合理地过于强调了他的"担忧",以便为他目前关于1960年条约的观点辩护。

无论怎样,土耳其都可以得体地声称:要求谈判力量绝对平等就意味着几乎所有发达国家和发展中国家之间签订的条约都应归于无效。对条约必须遵守原则的这种限制,实际上将使该原则失去意义。我们只能去猜测在"不平等"情形下所具有的缺陷对希腊族塞浦路斯官员的影响。但是那些缺陷和在此问题上国际社会对土耳其的潜在支持,可能是马卡里奥斯没有彻底放弃1960年条约的原因之一。[2]

---

[1] Makarios, "Proposals to Amend the Cyprus Constitution", *International Relations* (Athens), Apr. 1964, p. 8.
[2] 格里瓦斯将军曾称马卡里奥斯在1960年条约谈判时写下过"他总体上对协定感到满意"。见 *Memories of General Grivas* 189 (Foley [ed.], 1965)。但是,格里瓦斯将军对于这个他认为是不满意的妥协的协议非常痛恨,因此他的说法可能不得不打折扣。

相比土耳其对马卡里奥斯的决策可能做出的其他反应，显得突出的可能是土耳其根据《保证条约》第4条进行武装干涉。《保证条约》第4条授权各保证国在与其他保证国协商后，有权"为了恢复本条约所建立的情势的唯一目的而采取行动"。关于第4条的细节问题在下一章有具体的分析。该分析支持这一观点，即第4条中的"行动"包括在某些情况下适当地使用武力。这里的问题不是这些情况是否真的出现在1963年秋，而是大主教马卡里奥斯对土耳其武装干涉的危险的看法。这一危险反过来部分地取决于基于第4条的理由的说服力，还取决于可能提出理由的场所。只有不采取任何行动的决策，才可能消除土耳其以军事回应的任何危险。但是相比决定废除宪法，提议修改宪法的决策既可以使土耳其反应温和，也能实质上减少对土耳其使用武力的国际支持。而要求修改所有的1960年条约的决策，则是一场更为危险的赌博。《联盟条约》《塞浦路斯建国条约》和《保证条约》都是国际条约，而《塞浦路斯宪法》却不是。的确，这些条约约束着塞浦路斯政府不得修改宪法基本条款，但是每个国家都必须有权更改涉及内政管理的宪法，这一观点远比支持单方修改条约的主张更有说服力。这些条约可以以后分别讨论处理，当然，要求保留宪法中"不可修正的"（基本）条款的规定除外。

2. 来自希腊的压力

20世纪50年代，在国际场合唯一能代表希腊族塞浦路斯人发声的只有希腊政府，它也是推动结束英国对塞浦路斯统治的主要力量。当然，1963年，塞浦路斯政府自己出现在联合国和其他国际舞台。但是联结希腊人和希腊族塞浦路斯人的民族纽带依然牢固，在任何给定的事项上，希腊政府都处于支持马卡里奥斯的国内重压下。

与上文所讨论的土耳其政府所扮演的角色一样,确认希腊对马卡里奥斯做出的其他决策可能会做何反应,要比评估这些反应的影响容易得多。由于缺乏公开的资料,对上述两者进行分析都有风险。然而,在这样的事先声明下,进行推测是可能的。推测的出发点是,希腊是1960年条约的主要缔造者之一,也是《保证条约》下的保证国之一。《保证条约》规定希腊和土耳其、英国一样都负有维持苏黎世-伦敦会议所达成的协定的义务。与土耳其政府不同,希腊政府没有对马卡里奥斯进行单方武装干涉。但1960年条约不只是赋予了"为了恢复本条约所建立的情势的唯一目的而采取行动"的权利,它们还规定了维持现状的义务。并且"本条约所建立的情势"在时间和条件上与《洛桑协定》所确立的情势十分不同。在20世纪50年代,希腊承认英国统治塞浦路斯的条约,是作为第一次世界大战解决方案的一部分,在30年前谈判达成的。而在1963年,赋予塞浦路斯独立地位的条约刚刚满三年,并且这些条约恰恰是希腊为了实现塞浦路斯独立而积极展开外交的结果。所有这些都使得希腊政府似乎最不可能支持废除1960年条约。可以预料苏联政府会竭力主张1960年条约是"强加"给塞浦路斯的——事实上苏联驻联合国大使就是如此主张的[1]——但不是强加给希腊政府的,以免希腊被贴上主要"强迫者"的标签。事实上,有证据证明在1959年的伦敦会议上,希腊代表曾对大主教马卡里奥斯说,如果他不接受该解决方案,

---

[1] 19 U. N. SCOR, 1096th meeting 3 (1964).

第三章　1963年塞浦路斯政府提议修改《苏黎世-伦敦协定》的决策

希腊将对整个塞浦路斯问题撒手不管。[1] 这些压力表明,希腊政府的建议并不是寻求终止1960年条约,而是重新谈判和修改,尤其是修改宪法。

条约修订的理由并未根植于传统国际法规则。正如我们在本书第二章所看到的,传统观点是,"作为一个法律问题,对于条约修订没太多可说的"。[2] 情势变更原则(rebus sic stantibus)是国际法中唯一直接相关且得到公认的原则,其处理的不是条约修订,而是条约终止。并且无论是根据所谓的主观法(subjective approach)还是客观法(objective approach)——或者某种替代方法——在此情境下适用该原则都不能得出有说服力的观点。1960—1963年间唯一的情势变化是1960年条约试行了三年,至少希腊族塞浦路斯人发现其有可取之处。在希腊族塞浦路斯人看来,它们的缺点可谓"根本性的";但从国际法传统观点看,这未能提供终止条约的选择权。[3]

同时,在1963年,很显然大多数希腊族塞浦路斯人认为1960年条约是不公平的,并且认为国际社会中将有对他们——排除仅以条约神圣作辩护词——观点的充分支持。进而,可以得出一个有说服力的理由:这些为换取塞浦路斯独立而同意对塞浦路斯共和国宪法体制的永久性限制规定,应当予以修改,即使体现这些

---

[1] Stephens, *Cyprus: A Place of Arms* 165 (1968).
[2] McNair, *The Law of Treaties* 534 (1961).
[3] 参见 McNair, *Law of Treaties*, ch. 42 (1961)。《条约法公约》第62条规定,"情势的根本变化"不得被援引为终止条约的理由,除非"这些情势的存在构成各方同意受条约约束的实质基础",并且"这一变化的影响将从根本上改变应履行的条约义务范围"。U. N. Doc. A/Conf. 39/27 (1969).

限制性规定的条约本身没有提及修改或重新谈判的问题。[1] 这种规范的意见本可被希腊政府官员用于力劝马卡里奥斯。这一意见本可以通过适当地引用联合国成员"主权平等"以及类似原则而得到加强。但此种观点的提倡者必须既要意识到这些原则的不稳定性,也要意识到重新谈判和修改条约的制度安排发展水平低的情况。虽然有人提出了各种重新谈判和修改条约的机制,但没有哪一种与实际运作的国际法律程序有多少相似之处。

在1963年秋冬,即便不能合理期待通过联合国迫使土耳其和土耳其族塞浦路斯人迅速对1960年条约进行谈判,希腊依然很可能敦促大主教马卡里奥斯提议修宪,如果宪法修正案被否决——这似乎极有可能——则仍可将该事项提交给联合国。若干相关的原因使得联合国成为增进希腊族塞浦路斯人利益的最佳国际机构。首先,在联合国,塞浦路斯可以指望来自苏联和许多发展中国家的支持。对于苏联而言,这次危机提供了一个绝佳的机会,苏联可以公开抨击1960年条约是北约成员国强加的不公平的解决方案,由此可以攻击北约组织本身。进而,塞浦路斯事件当然会像20世纪50年代那样,再次分裂北约成员国。对其他发展中国家,尤其是阿拉伯国家而言,塞浦路斯已经是主要发言者和提议者。在这些情况下,联合国自然显得是一个合理而友好的平台,在这里可以获得修改1960年条约的国际支持。一个额外的好处是土耳其族塞浦路斯人不能出席联合国会议,(要想

---

[1] Lester, "Bizerta and the Unequal Treaty Theory", 11 Int'l & Comp. L. Q. 847, 855 (1962),认为"宗主国与其附属领土之间的协议……在这些协议中,附属国同意对其未来的主权施加严苛的限制,以换取宗主国给予其独立,这可能会引发不当影响的推定"。

第三章　1963年塞浦路斯政府提议修改《苏黎世-伦敦协定》的决策

发声)除非通过土耳其这个中间人,就像20世纪50年代希腊代表希腊族塞浦路斯人一样。

将条约修改问题提交到联合国的第二个好处是,这一策略将会在实际上排除另外两个可以对此问题行使管辖权的国际安排——北约和《保证条约》下的三个保证国——将采取的替代性措施。塞浦路斯并不是这些机构性安排的成员,在这两个国际机构中,遑论塞浦路斯,就是希腊,都不能指望得到像联合国那样的机构所能给予的有利待遇。在这两个国际机构中,土耳其和英国的地位要强得多。

最后,或许是最重要的一点,联合国是检验《保证条约》下的军事干涉正当性最顺理成章的场所。获得安理会以违反《联合国宪章》为由,而做出阻止保证国的武力行动的决议是可能的。至少可以主张,当联合国在处理此问题时,任何采取武力行动的权力都应当暂缓行使。

3. 来自英国的压力

没有有关在大主教马卡里奥斯宣布他的13点宪法修正案之前,希腊族塞浦路斯人和英国官员之间讨论的公开资料。但两国政府之间肯定有过磋商——塞浦路斯当时是并且现在仍然是英联邦的一员。尽管对英国立场的分析只能是推测,但英国立场的总体轮廓好像足够清晰。同样,这里分析的焦点并不是英国政府的实际表现,而是大主教马卡里奥斯对英国将会对其决策做出何种反应的预测。在这个框架下,从尼科西亚的角度来看,可能英国政府还是1957年底的老样子:在希腊和土耳其中间的某个位置,但有维持现状的本能。

英国的首要利益是战略上的——总体而言,是保护一个一体的北约;具体言之,是保护英国在塞浦路斯岛上的两个基地。《塞浦路斯建国条约》承认英国对塞浦路斯军事基地的主权,可以推断英国会反对塞浦路斯废除该条约的任何尝试。主张唯独把《塞浦路斯建国条约》作为例外而声称整个1960年解决方案是无效的,这样的结论难以成立。英国反对针对其军事基地的单方威胁,塞浦路斯几乎无力抗衡,尤其是因为英国会得到美国和其他北约盟国的支持。更一般地讲,英国和土耳其一样,如果和其他保证国的磋商失败,就有义务去帮助维持1960年谈判确定的解决方案,并有权"为了恢复本条约所建立的情势的唯一目的而采取行动"。这些磋商可能被认为是英国对塞浦路斯抛弃1960年条约的任何行动最有可能首先做出的回应。如果那些磋商失败,那么英国很有可能与土耳其联合起来,通过军事行动来解决这个问题。如果英国和土耳其动用他们驻扎在塞浦路斯的军队迅速且果断地行动,并且再增加来自其他基地的军队,他们可能会迫使马卡里奥斯放弃他从根本上重构1960年条约的目标。可以推测希腊不会与英国合作参加对塞浦路斯的军事行动,但是土耳其必定会参加。希腊做出军事回应的危险几乎没有,但可能会对土耳其的单方武装干涉做出回应。

马卡里奥斯可以合理地期待会有反对英国行动的国际压力,尤其是如果此事已经提交到联合国。军事介入将会招致对这个问题尤其敏感的国家的许多反殖民谩骂。更严重的是,苏联必然会强烈反对这种行为。甚至美国也可能谴责它,而且英国不会忘记他们武装介入苏伊士运河的后果。此外,如我们所见,英国在塞浦路斯统治的最后几年已经是血腥杀戮,英国领导人并不想再来一轮。可以想见,这些因素会减少英国使用武力的可能性。如果塞浦路斯将此次危机提交到联合国,这种可能性还会进一步降低。在这种情况下,即使认为《保证条约》允许使用军事手段,希腊和塞浦路斯两国都会主张联合国的介入已经临时取代了保证国根据《保证条约》使用武力的任何权力。

作为《保证条约》项下军事行动的替代选择,英国可能也希望寻求在北约内部解决争端。该处理方法的优势在于希腊和土耳其都是北约成员国,并且根据北约于1956年通过的程序,须在北约组织内部和平解决任何北约成员国之间的争端。该争端的解决涉及北约自身两方面的主要利益。首先,成员间潜在的武装冲突会使大西洋联盟成员的关系像20世纪50年代一样紧张起来,这个问题会弱化北约整个右翼的防御。其次,北约在塞浦路斯岛有战略利益,这既因为英国在那里的军事基地,也因为苏联会向马卡里奥斯索要对其支持的回报。

4. 希腊族塞浦路斯人的决策

对希腊族塞浦路斯人决策的分析表明,因为希腊族塞浦路斯人认为在宪法问题上具有最强的国内管辖权,并且提出修改避开了有关单方废除条约的合法性的各种实质问题,所以大主教马卡里奥斯提议修改宪法,而不是废除1960年签订的所有条约。将该问题提交给联合国安理会,使其有机会及时阻止土耳其进行军事干涉以执行《保证条约》规定的可能性。随着时间的推移,马卡里奥斯也希望获得对其修改所有条约的更多国际支持。在此期间,提议的大部分宪法修正意见能临时实施。这恰恰是塞浦路斯政府采取的方针。

无论马卡里奥斯是否将他提议的13点宪法修正意见的决策视为迈向事实废除1960年条约的一步,选择修改而不是废除对后来发生的事情都有重要影响。马卡里奥斯显然不能完全控制那些事情,但他在很大程度上成功地限制了其他国家控制事态的能力。这很大程度上要归功于他制定决策的方式。

1963年12月25日,据报道,土耳其外交部长宣布"基于《保证条约》第4条,土耳其决定行使其拥有的单方面介入的权利,但是土耳其将其干涉限于土耳其空军喷气式战斗机的一次警告飞行……"[1]作为回应,12月27日联合国安理会举行会议,讨论塞浦路斯指控土耳其做出的"(a)侵略,(b)以武力威胁及使用武力侵犯塞浦路斯领土完整,干涉塞浦路斯内政……的行径"[2]。没有任何一个安理会成员提出了有关联合国行动的具体建议,但联合国无疑接手了这场危机,这是马卡里奥斯能够制止其他国家在联合国之外解决该争端的一个关键因素。

圣诞节当天,当塞浦路斯全境的暴乱明显升级的时候,三个保证国就通知塞浦路斯政府,"如果塞浦路斯政府发出请求,他们已经准备就绪,用英国指挥下的联合维和部队协助塞浦路斯恢复和平与秩序",联合维和部队由基于《塞浦路斯建国条约》和《联盟条约》驻扎在塞浦路斯岛的英国、希腊和土耳其军队组成。[3]在英国看来,三个保证国将充当一个基于《保证条约》建立,并得到《联合国宪章》第8章授权的"区域安排"。[4] 在英国下议院就塞浦路斯危机进行辩论期间,英国国务大臣被迫去"做出保证,保证在得到安理会授权之前,英国计划派出的军队不会出发"。

---

[1] 19 U.N. SCOR, 1098th meeting 15-16 (1964).

[2] Letter from the Permanent Representative of Cyprus to the President of the Security Council, 26 Dec. 1963, in U.N. Doc. No. S/5488, at 1 (1963); 18 U.N. SCOR, 1085th meeting (1963).

[3] U.N. Doc. No. S/5508, at 2 (1964).

[4] 688 H.C. Deb. (5th ser.) 530-1 (1964).

第三章 1963年塞浦路斯政府提议修改《苏黎世-伦敦协定》的决策

但国务大臣拒绝了,声称"这一问题纯粹是假设的"。[1] 当保证国和塞浦路斯的两个民族在另一次伦敦会议上寻求解决分歧时,塞浦路斯政府同意在保证国的监督下临时停火。但马卡里奥斯坚持要求四国政府联合请求联合国秘书长指派一名代表来"监督维和行动进程"。[2] 在伦敦会议上,各当事方之间的分歧太大,无法轻易解决。马卡里奥斯坚称他寻求的只不过是一种能使塞浦路斯政府系统运作的合理办法,而这意味着改变1960年解决方案,允许占人口多数的希腊族掌权,同时对土耳其族塞浦路斯人的公民权利给予宪法上的保障。但土耳其和土耳其族塞浦路斯人不会接受这样的方案。在这种情况下,马卡里奥斯坚持联合国是解决这场危机的唯一国际平台。

当英国政府接下来与美国一起计划由北约国家派兵扩充维和部队时,马卡里奥斯对此"故技重施"。[3] 这支部队是否以及

---

[1] 参见 688 H. C. Deb. (5th ser.),第815—817页。一年前,美国代表曾主张道,对古巴的隔离不是根据第53条意义上的区域安排采取的"执行行动"。参见 Meeker, "Defensive Quarantine and the Law", 57 Am. J. Int'l L. 515, 520-2 (1963)。他们也坚称,即使隔离古巴是"执行行动",它也不会被第53条排除,因为该条规定所要求的安理会"授权"既不需要是"事先的",也不需要是"明确的"。参见前注释。英国政府可能担心对上述问题的直接反应会引起对美国在古巴导弹危机中的法律立场的怀疑。

[2] U. N. Doc. No. S/5508, at 3 (1964).

[3] 联邦关系和殖民地事务国务大臣邓肯·桑迪斯提出了两个理由,对于"邀请北约联盟的某些其他成员国提供必要的军队,不过当然不是作为北约行动或是在北约的控制之下……首先,这些国家有军队近在咫尺,并且随时可以提供。第二,所有北约成员国在制止塞浦路斯的种族间冲突方面有直接的利益,如果允许这种冲突发展,就很容易导致两个北约盟国之间的冲突"。689 H. C. Deb. (5th ser.) 841 (1964). 然而,英国驻安理会代表在向安理会叙述该计划时甚至没有提到北约,而是提到"从与塞浦路斯友好的国家增派维和部队"。参见 19 U. N. SCOR, 1095th meeting 10 (1964)。

在多大程度上,对塞浦路斯政府、保证国以及其他提供军队的国家或是北约负责,始终不是十分清楚。尽管希腊和土耳其支持这项计划,但它从一开始就看起来像是英美的阴谋。[1] 其他的欧洲国家很少希望卷入此事件,并且回想起来,至少大主教马卡里奥斯似乎不可能会接受该计划。他想把争端带到联合国,一旦形势清晰,他希望获得联合国对1960年条约的谴责。为此目的,他小心维持着他的不结盟国家领袖的身份。他获得了苏联的强力支持,后者建议北约强国不要干涉塞浦路斯内政。[2] 英美试图使其提议对塞浦路斯政府而言更易接受,为此明确要求保证国三个月内不"行使《保证条约》第4条项下的单方干涉权利",在此期间在相互都接受的调停方协助下商谈解决方案。[3] 尽管有这一好处,马卡里奥斯还是当即拒绝了这一计划。他同意——或者至少是默许——一支国际部队驻扎在塞浦路斯岛,但坚持这支部队须受安理会领导,不能有希腊和土耳其军队参加,它的权力包括保护塞浦路斯领土完整和帮助塞浦路斯恢复正常状态。[4] 当在联合国外解决危机的这些努力都失败时,这一问题就被直接提交到安理会。难以确定马卡里奥斯是否考虑到提出宪法修正案的一个后果可能会是在联合国的议事日程上给塞浦路斯一个半永久性的位置。无论怎样,从此以后,这个问题始终存在。

---

[1] Windsor, NATO and the Cyprus Crisis. Adelphi Paper No. 14, Nov. 1964, p. 13.
[2] Letter from the U. N. Representative of the U. S. S. R. to the President of the Security Council, 8 Feb. 1964, in U. N. Doc. No. S/5534 (1964).
[3] 19 U. N. SCOR, 1095th meeting 10 (1964).
[4] 同上注,第10—11页。

第四章 1964年土耳其政府轰炸塞浦路斯的决策

1964年8月7日、8日,土耳其空军轰炸了希腊族塞浦路斯人的军队,后者当时正在攻击位于塞浦路斯岛西北海岸的土耳其族塞浦路斯人飞地[1]。这次轰炸造成了平民和希腊族塞浦路斯士兵的重大伤亡。交战双方在受到来自联合国内外的巨大压力后,于8月9日协商停火事宜。本章分析的主要内容是:法律是如何影响土耳其做出动用武力的决策的?又是如何影响其选择使用武力的方式的?

土耳其此次轰炸塞浦路斯的决策,是在联合国积极着手解决塞浦路斯危机大约6个月之后。由于这场危机已经在近两个月内持续给塞浦路斯造成人员伤亡,1964年2月15日,英国和塞浦路斯驻联合国代表分别请求安理会想办法解决该危机。[2]

---

[1] "飞地"(enclave),正常是指在本国境内的隶属另一国的一块领土(换言之,是指被他国领土包围的一块领土),但本书中所言"飞地"不是前述意思,而是指被希腊族塞浦路斯人居住区包围的土耳其族塞浦路斯人居住区。——译者注

[2] U.N. Docs. No. S/5543, S/5544 (1964).

经过多日谈判,3月4日,安理会通过了一项各方都可接受的决议。[1] 决议指出,"塞浦路斯目前的局势可能威胁到世界和平与安全",并呼吁所有会员国"不采取可能使独立的塞浦路斯共和国局势恶化的任何威胁或行动","塞浦路斯的两个民族及其领导人最大程度地保持克制"。决议还建议在"取得塞浦路斯政府的同意后",在塞浦路斯进行联合国维和行动。

1964年3月末,联合国维和部队开始了维和行动,5月份达到了计划的7 000人的水平。维和部队通过尝试介入两族之间的斗争,与塞浦路斯两族首领进行商谈,以期在一定程度上成功阻止此次事件彻底沦为战争。但塞浦路斯的紧张局势始终没有得到缓解。1964年6月,大主教马卡里奥斯宣布征兵,这次征兵可能只面向希腊族塞浦路斯人,当然,这没有得到政府中土耳其族代表的同意。6月底,格里瓦斯将军返回塞浦路斯训练塞浦路斯新的国防军。士兵和武器开始涌入塞浦路斯,其中大部分来自希腊,也有部分来自土耳其。

随着土耳其族代表的退出,塞浦路斯政府在7月进行了一系列立法和司法改革,以加强其控制权。政府还试图隔离岛上由土耳其族人占据的地区。它叫停了这些地区的燃料运输车和其他可能用于军事目的的供给,还限制土耳其红新月会向这些地区运送货物。危机开始后不久,大约2万名土耳其族塞浦路斯人离开,或是被迫离开了家园。土耳其族领导人声称,这些背井离乡的人如果回到自己的家园,将会受到更可怕的攻击。[2] 塞浦路

---

[1] U. N. Doc. No. S/5575 (1964).

[2] 参见 20 U. N. SCOR, 1235th meeting 17 (1965)(塞浦路斯土耳其族民族院主席劳夫·登克塔什的声明)。

斯政府宣称这些报告都是无稽之谈，并指责土耳其鼓励这些难民留在军营，由塞浦路斯土耳其族军队保护，是为了保持分治或联邦是唯一可能的解决危机办法这一立场。[1]无论真相如何，两方的陈述也可能部分属实，但在危机持续的大部分时间里，塞浦路斯政府确实对这些军事营地实施了经济封锁。

8月初，一支希腊族政府军对位于塞浦路斯西北海岸的科基拉-曼苏拉地区（Kokkina-Mansoura）发起了系列攻击，该地区是土耳其族塞浦路斯人占领的最后一片海岸。土耳其族塞浦路斯人不断离开自己位于塞浦路斯岛西北地区的家园，聚集到科基拉-曼苏拉地区；随着时间的推移，他们也被期待去增强其防御力量。据说这片区域是土耳其军队和来自土耳其的其他物资的主要登陆点。塞浦路斯政府也声称这里是恐怖分子中心，他们"正在执行一项计划……以扩大并加剧塞浦路斯的叛乱，并采取战争以及任何与战争有关的手段……"[2]，土耳其政府回应称马卡里奥斯打算"消灭该地区的居民……"[3]。

直到8月，才有土耳其船只载着食物、衣物和其他供给抵达塞浦路斯西北海岸，用于解决该地区居民的生活问题。但当时他们经受的并不只有经济威胁，还有军事威胁。联合国部队驻扎在科基拉-曼苏拉地区，塞浦路斯希腊族的攻击行为违反了大主教马卡

---

[1] 参见 Public Information Office, Republic of Cyprus, "The Turkish Cypriot Refugees Plight: Human Misery Used to Further Political Aims", in *Cyprus Bull.*, 16 Oct. 1965, p. 4。

[2] 19 U. N. SCOR, 1142nd meeting 18 (1964).

[3] 同上注，第10页。

里奥斯明确向联合国部队司令做出的保证。[1] 当希土两族军队的战斗开始时,联合国部队司令试图通过组织双方谈判以实现停火,同时努力去撤离该区域的妇女儿童,但未能成功。对话努力失败后,维和部队没有卷入战争,而是撤退了。大概在8月6日的某一刻,土耳其政府最终决定派战斗机空袭塞浦路斯希腊族军队。

土耳其政府承受着土耳其国内要求援助土耳其族塞浦路斯人的巨大压力。1963年12月初,伊诺努辞去首相职务,当时反对党——正义党在地方选举中得票数急剧上升。但圣诞危机让伊诺努重新掌权,部分是因为他被看作是能够有效处理塞浦路斯局势的人。此外,他的联合政府在某种程度上得到了军方领导的支持。这些军方领导大概从危机爆发之初就施压伊诺努采取军事"解决"方案。土耳其的海陆空三军大约有50万人,是希腊军队的三倍,并且土耳其空军相比占优。[2]

1964年8月并不是土耳其在塞浦路斯危机中第一次因使用武力而成为焦点。正如我们所见,1963年圣诞节,土耳其战斗机被派去在塞浦路斯岛上空进行了"一次警告飞行"。1964年3月12日,土耳其威胁要入侵塞浦路斯,除非他们"停止……对塞浦路斯土耳其族人的……所有……攻击……(并且)实现立即停火"。[3] 土

---

[1] 参见 Secretary-Genaral, Report on the United Nations Operations in Cyprus, U. N. Doc. No. S/5950, at 23 (1964)。

[2] 参见 *N. Y. Times*, 10 Aug. 1964, p. 12, col. 8。确切的军事数据是保密的。参见 Hearings on the Foreign Assistance Act of 1964 Before the House Committee on Foreign Affairs, 88th Cong., 2nd Sess., pt. IV, at 522-3 (1964)。

[3] 参见 Letter from the Permannet Representative of Turkey to the Secretary-General, 13 Mar. 1964, in U. N. Doc. No. S/5596, Annex, at 2 (1964)。土耳其还要求"立即解除对任何土耳其族人所在地区的所有封锁措施;立即恢复完全的行动、交通和通信的自由,并应毫不迟延地将土耳其族人质和被害者的遗体送回土耳其塞浦路斯族地区"。见前注。

耳其只是迫于安理会的巨大压力才撤回了这次军事威胁。[1] 1964年6月,土耳其政府即将决定武力占据塞浦路斯岛的一部分,但再一次被劝阻了,这次是由于约翰逊总统的紧急叫停。[2] 伊诺努在6月仅以200票对194票通过了议会信任投票。[3]

土耳其每次威胁使用武力,但每次都未真正付诸行动,它实际干预的可能性似乎越来越小。随着土耳其采取军事行动的可信度降低,塞浦路斯政府努力以武力解决塞浦路斯岛各种难题的危险反而增加了。但是,这种努力的主要障碍是土耳其的军事装备供给和军事干预威胁。在土耳其领导人看来,8月初希腊族塞浦路斯人的攻击,至少是一场广泛的清除土耳其族塞浦路斯人主要聚居地战役的第一步。科基拉-曼苏拉地区就是这些最重要的聚居地之一。

法律明显不是土耳其决策使用武力或如何使用武力的唯一决定性因素。例如,土耳其代表也必然权衡过袭击塞浦路斯可能会招致苏联对其进行军事回击的风险。但土耳其政府首先要考虑的是其在多大程度上可以得到国际支持,或者说至少可以免遭国际谴责甚至是国际制裁。适当的法律依据是这些努力的必要组成部分。

在考虑对塞浦路斯可能的军事行动时,土耳其的法律顾问就

---

[1] 参见 19 U. N. SCOR, 1103rd meeting (1964),以及该会议通过的决议,见 U. N. Doc. No. S/5603 (1964)。

[2] 参见 The Letter to Prime Minister Inonu from President Johnson, dated 5 June 1964, reprinted in Public Information Office of the Republic of Cyprus, *Cyprus: The Problem in Perspective* 33 – 4 (1968)。

[3] Davision, *Turkey* 160 (1968).

知道他们需要在联合国——肯定要在安理会,甚至可能也要在联合国大会——为其行动辩护。塞浦路斯政府寻求将安理会当作审判土耳其威胁对塞浦路斯使用武力的法庭。如果土耳其将威胁付诸行动,那么塞浦路斯代表们当然会请求安理会谴责并制裁土耳其。一直到8月份,这一争端都处于塞浦路斯要求宣告土耳其使用武力将违反《联合国宪章》的诉争中。土耳其成功地回击了塞浦路斯的指控,在很大程度上是因为其观点以维持1960年条约的重要性为基础,除非各方一致同意废止1960年条约,并且还指出了大主教马卡里奥斯强制单方面修改条约的做法。安理会3月4日做出的决议号召所有的联合国会员国"制止可能使独立的塞浦路斯共和国局势进一步恶化或是危及国际和平的任何行动或威胁",但它却没有明确禁止土耳其的军事干预。但如果土耳其真的动用了武力——而不仅仅是威胁使用武力——那么它在安理会就要承担更大的风险;只有具有说服力的理由才能够阻止安理会更强的反应。这可能意味着形成一项正式谴责土耳其的决议;决议也可能包括《联合国宪章》第7章规定的一些制裁措施。

土耳其政府辩称每次威胁进行武力干涉都是基于《保证条约》第4条,该条规定:

> 如果发生违反本条约规定的事件,希腊、土耳其和英国承诺共同磋商有关确保这些规定得到遵守的交涉或必要措施。
>
> 只有在可证明不可能采取共同或联合行动的情况下,每一保证国才拥有为恢复本条约所建立的情势的唯一目的采取行动的权利。

危机伊始,土耳其政府就宣称这一条款授权土耳其军事介入塞浦路斯以保护土耳其族塞浦路斯人基于 1960 年条约所享有的各项权利。但塞浦路斯政府和希腊政府都反对此主张。1964 年初,塞浦路斯诉诸安理会,希望排除土耳其对保证条约的这种解释。塞浦路斯代表坚称使用武力既不是《保证条约》第 4 条所允许的,也与《联合国宪章》不符。整个 1964 年春季和初夏,土耳其本可反驳塞浦路斯代表的主张。但土耳其为了应对塞浦路斯的法律立场而提出的观点反过来也限制了其能够进行武装干预的情形。根据《保证条约》第 4 条采取的单方行动仅限于"为恢复本条约所建立的情势",并且要求先与其他保证国磋商。因此,使使用武力合法化的正当程序限制了这种武力使用。

在这种情况下,土耳其将继续以《保证条约》第 4 条为依据或转而以自卫为新的理由。在此之前,土耳其代表从未公开声称他们对塞浦路斯的军事行动是基于自卫。主张自卫要么是依据《联合国宪章》第 51 条,要么是基于国际习惯法。《联合国宪章》第 51 条的明显优势是回避了该条款是否排除根据习惯法行使更广泛自卫权的问题。[1] 而且,第 51 条特别提出了高于其他宪章义务的一项权利,即"如果发生武力袭击,可以行使单独或集体自卫权……直至安理会为维护世界和平与安全采取必要措施"。在 1964 年 8 月初的情形下,土耳其本可以宣称它正在应对塞浦路斯的武装攻击。不过,在土耳其法律顾问心中,将土耳其轰炸塞浦

---

[1] 比较 Brownlie, *International Law and the Use of Force by States* 272 – 5 (1963) 和 Bowett, *Self-Defense in International Law* 184 – 93 (1958)。

路斯的行为描述成《联合国宪章》第 51 条项下的自卫会带来很多麻烦。可以预见,塞浦路斯和希腊——还有其他国家——会指控说,安理会采取《联合国宪章》第 51 条规定的"维护世界和平与安全的必要措施",已经排除了土耳其单方行动的权利。因此,土耳其必须得证明,联合国军队未能执行这些措施。塞浦路斯希腊族军队发动袭击违背了大主教马卡里奥斯对联合国部队司令做出的明确保证,这一事实将作为土耳其证明其观点的实质证据。除非安理会采取的措施得到有效执行,否则土耳其能有力地主张其根据《联合国宪章》第 51 条享有的自卫权并未被排除。然而,更难断言的是,此处的任何"武装袭击"是符合《联合国宪章》第 51 条语义中"针对联合国会员国的"。

无论土耳其的"自卫"是基于国际习惯法还是《联合国宪章》第 51 条,有其他几种理由可反驳土耳其的自卫主张。一种理由是该国的武装行动既不必要,也与所涉的危险不成比例。然而,土耳其可以指控希腊族塞浦路斯人的攻击,是一项消灭科基拉-曼苏拉地区的土耳其族人的计划。土耳其代表可以辩称只有武力回击才能制止这场屠杀。土耳其这一观点的说服力,在很大程度上取决于土耳其收集有关在关键时期塞浦路斯岛究竟发生了什么的证据的能力。甚至到今天,这些事实都是模糊不清的。

土耳其在把对塞浦路斯的武装行动描述成自卫行为时,可以预见也至少会面临概念上的障碍。一个国家实际上就是国民的集合体,保护国民就是保护国家本身,因此使用武力保护国民的行为被认为是正当的。[1] 土耳其和土耳其族塞浦路斯人之间的

---

[1] Bowett, *Self-Defense in International Law* 91–4 (1958).

联系十分紧密。对许多土耳其族塞浦路斯人而言,可能他们与土耳其的关系比和塞浦路斯的关系要密切得多。并且在土耳其人看来,保护他们无疑是保护土耳其。但由于他们之间缺乏"国籍联系",许多联合国会员国可能会质疑土耳其是否可以将塞浦路斯的土耳其族人视作土耳其"自身"的延伸。[1]

对土耳其 8 月军事干预可供替代的法律辩护基础是《保证条约》第 4 条。为了让自己的单方军事行动的理由更有说服力,土耳其必须证明:(1)塞浦路斯政府已经违反了条约规定;(2)各保证国已经进行过条约要求的磋商;(3)未能证明"共同或联合行动"是可能的;(4)采取"行动"的权利包括使用武力的权利;以及(5)为"恢复条约所建立的情势"使用武力与土耳其所承担的《联合国宪章》义务相一致。

按照土耳其和土耳其族塞浦路斯人的观点,对塞浦路斯采取军事"行动"的第一个前提条件在 1964 年春天就具备了。《保证条约》第 1 条要求塞浦路斯"承诺确保……尊重塞浦路斯宪法"。这至少意味着塞浦路斯要极其真诚地努力保证宪法实施。土耳其可以举出大量有关大主教马卡里奥斯努力不够的证据。大主教的辩护理由是土耳其族塞浦路斯人"滥用"宪法。[2] 但土耳其可以适当地回应称,即使存在那些滥用权利的事实,他们也不会支持诸如塞浦路斯政府拒绝实施宪法的许多基本条款,例如宪

---

[1] Bowett, *Self-Defense in International Law* 95 (1958).美国最初在 1965 年对多米尼加共和国的干预是正当的,理由是"保护外国公民——美国和许多其他国家的公民——的生命是至关重要的"。参见 Legal Adviser, U. S. Dep't of State, *Legal Basis for United States Actions in the Dominican Republic*, 7 May 1965。

[2] *The Times* (London), 5 Jan. 1962, p. 10, col. 5.

法要求在塞浦路斯四个最大的城市单独设立塞浦路斯土耳其族市政机构。土耳其也可以辩称其满足了作为保证国之一采取单方军事行动的第二和第三个先决条件。正如我们所知,1964年1月,"为了帮助解决塞浦路斯问题",英国、希腊和土耳其三国的官员以及塞浦路斯希腊族、土耳其族的代表进行了磋商。[1] 作为临时举措,三个保证国的军队在英国指挥下,力求维持停火,恢复和平。这些努力都以失败告终。虽然不能把这些失败只归咎于希腊族塞浦路斯人的不妥协,但这确实是主要原因。在会议陷入僵局之后,英国曾提议动用北约的维和部队,希腊和土耳其一致赞成,但大主教马卡里奥斯表示拒绝。

《保证条约》第4条的第4个要求引发了更困难的问题。塞浦路斯政府的观点是,《保证条约》第4条规定的"行动"这一词——正如前款规定的"措施"一词——"仅表示使用和平手段的意思……",[2]没有一个保证国公开过关于第4条的任何谈判历史记载[3],尽管希腊代表声称"在我所参加的苏黎世会议上,我们的目的并不是去创设这样一个情形:因为某一或其他原因,我们中的一国可能会在某一天驾驶着军舰将军队送往塞浦路斯"。[4]

---

[1] U. N. Doc. No. S/5508, at 3 (1964).

[2] 19 U. N. SCOR, 1098th meeting 19 (1964).

[3] 显然,苏黎世和伦敦会议的准备工作资料已经被封存起来,不允许外界查阅。参见 Blümel, "Die Verfassungs-gerichtsbarkeit in der Republik Zypern", in *Constitutional Review in the World Today* 643, 652 n. 49 (Max-Planck-Instic. 1962)。没有证据表明,当事各方正在以与《联合国宪章》中使用的"行动"和"措施"相同的含义使用这两个词语;联合国费用案(Expenses case)涉及上述两个词语的含义这一事实,似乎更像是巧合,而不是揭示。参见 *Certain Expenses of the United Nations*, [1962] I. C. J. 151, 162 – 5。

[4] 19 U. N. SCOR, 1097th meeting 32 (1964).

第四章 1964年土耳其政府轰炸塞浦路斯的决策

至少可能是因为谈判各方不能简单地对允许采取行动的范围达成一致,所以他们怀着可能永远不会发生该问题的希望,有意识地接受了这种含糊表达。而且可以主张,对这种含糊表达应当做出不利于那些给塞浦路斯主权施加限制的国家的解释。[1]

然而,土耳其可以令人信服地主张,谈判《保证条约》的情况使保证国似乎可将使用武力看作《保证条约》第4条项下的选项之一。如我们所见,《苏黎世-伦敦协定》是在塞浦路斯暴乱流血时期缔结的。给塞浦路斯土耳其少数族群提供各种宪法保障是为了稳定局势。但如果这些宪法保障失效,那么英国、土耳其、希腊三国就有权为恢复"条约所确立的情势"而干涉塞浦路斯。鉴于塞浦路斯岛在历史上不断发生冲突,各保证国似乎并不相信实施外交抗议和经济制裁就足以应对所有情况。根据《联盟条约》,希腊与土耳其军队可以驻扎在塞浦路斯岛,同时根据《塞浦路斯建国条约》,英国有权在该岛设置享有主权的军事基地,这为上述观点提供了一定程度的支撑。如果任一保证国需要驻扎在塞浦路斯岛上的军队,他们将随叫随到。

假设土耳其能够满足上述4个前提条件,以证明其根据《保证条约》第4条单方使用武力是正当的,那么它仍然必须证明该行为符合《联合国宪章》。正是因为此问题存在众多的争议,所以才可预计塞浦路斯政府会在希腊的支持下提出各种最强烈的法律主张。

---

[1] 参见 McNair, *The Law of Treaties* 462-3 (1961)。含糊不清的条约条款应当做出不利于条约起草方的解释这一原则也可能被塞浦路斯提出了。同引注,第464、465页。显然,塞浦路斯政府没有提出任何解释规则。但是,塞浦路斯政府坚持认为,军事干预将同下文所讨论的《联合国宪章》第2条第4款和第2条第1款相冲突,因此,《保证条约》第4条应被解释为排除了这种干预。参见 19 U.N. SCOR, 1098th meeting 17 (1964)。

1. 来自塞浦路斯政府和希腊政府的压力

马卡里奥斯政府想尽一切可能向土耳其施加压力,以使土耳其不进行军事干预。这也是为什么大主教坚持联合国是唯一可以直接参与塞浦路斯维和,并寻求解决塞浦路斯危机的国际组织的主要动机之一。可以指望的是,希腊会一如既往地支持塞浦路斯的总体做法。在土耳其军事干涉塞浦路斯这件事上,希腊毫无疑问会支持塞浦路斯。无论马卡里奥斯过去曾给希腊政府带来多大的麻烦,土耳其的攻击都必然造成希腊国内的巨大压力,要求希腊予以军事回击。但土耳其相对希腊拥有巨大的军事优势。土耳其人口是希腊人口的三倍多,土耳其军队的规模也大约是希腊军队的三倍。卷入冲突对希腊官方没有任何好处,尤其是在实力差距如此悬殊的情况下。

塞浦路斯在安理会的总战役的焦点是《保证条约》第4条。塞浦路斯一次又一次地努力,以获得安理会对其立场——土耳其无权根据该条约第4条进行军事干涉——的支持。塞浦路斯表达了一个双管齐下的论点:首先,《保证条约》没有授权使用武力;其次,如果该条约许可使用武力,那么它因与《联合国宪章》矛盾而自始无效。在安理会有关这次争端的第一次会议上,塞浦路斯代表罗西兹先生(Mr. Rossides)采取攻势,声称土耳其入侵的舰队已经驶向塞浦路斯。[1] 是否真有这样的舰队;如果有的话,该舰队是正被用于武装威胁还是具有登陆入侵的真实意图,这些事情的真相都不得而知。土耳其驻联合国代表库拉尔先生(Mr. Kural)有些激动地公开否认,称塞浦路斯只不过是一条正在

---

[1] 18 U.N. SCOR, 1085th meeting 3 (1963).

哭泣的狼,意在将安理会的关注点从真正的问题——土耳其族塞浦路斯人所受的不公平对待——上移开。[1] 无论这些事实如何,罗西兹都成功使安理会把讨论的主要焦点放在了土耳其根据《保证条约》第4条所享有的权利上。在一个其职责是裁判国际协议的解释和有效性的法庭前,罗西兹自己既要担任检察官,又要担任原告,并将库拉尔先生列为被告。

联合国安理会决议宣告,土耳其根据《保证条约》第4条没有使用武力的权利,这一决议达成了塞浦路斯的两个目的。第一,它将使土耳其对塞浦路斯采取军事行动的危险降低。塞浦路斯人显然十分担忧这个威胁,并且这也说得过去,因为塞浦路斯并不具备防御土耳其空袭的力量。第二,在塞浦路斯宣布放弃《保证条约》,甚至也包括1960年条约其他方面,这样一项决议将成为塞浦路斯赢得国际许可或者至少是默许的重要一步。

"自从这一点与整件事情相关之后",基普里亚努在一次讨论中指出:"如果允许的话,我想问《保证条约》签署国一个简单的问题……在希腊、土耳其和英国三国政府看来,他们有权利根据《保证条约》进行军事干预吗,尤其是在考虑到《联合国宪章》的情况下?对此我必须坚持要一个答案。"[2]

只有希腊代表给出了明确的回答。"我们希腊政府认为《保证条约》第4条赋予了我们在未得安理会授权的情况下进行单方军事干预的权利?答案是'不'"。[3]

---

[1] 18 U.N. SCOR, 1085th meeting 11-12 (1963).
[2] 19 U.N. SCOR, 1097th meeting 28 (1964).
[3] 同上注,第32页。

土耳其代表拒绝直接回应。[1] 土耳其不愿直接回答该问题,部分原因无疑在于担忧,如果就这件事投票的话,塞浦路斯可能会获得安理会支持其立场的决议。无论如何,安理会都不太可能在支持土耳其军事干涉上达成一致意见。因此,避免在这个问题上摊牌对土耳其有利,正如迫使其摊牌对塞浦路斯有利一样。除了这些考量之外,土耳其想作为一个战术问题,成为原告和检察官,把塞浦路斯逼到被告的位置上。因此,土耳其代表几次重复这一主题:希腊"试图把我们放在被告的位置上,把我们当作所谓的'侵略者''胁迫者',但我们不是,我们才是原告。就像我说的,事实是有目共睹的,事实胜于雄辩"。[2] 他试图将问题转向塞浦路斯代表是否"能……郑重而正式地宣告土耳其族塞浦路斯人的家园并没有被毁;土耳其族塞浦路斯人的村庄没有被包围,没有断绝水、食物和光源……流血事件将会结束了"。[3] 但讨论依然聚焦于《保证条约》第4条。

在土耳其实际袭击塞浦路斯这个事实上,土耳其代表知道,他们要么不得不对基普里亚努的问题回答"是的",要么不得不辩称这是自卫行为。大概他们本来更倾向于继续引据《保证条约》。但塞浦路斯和希腊官员频繁论证土耳其的立场在《联合国宪章》下引发了许多严重问题。可以预料塞浦路斯、希腊、苏联,无疑还有其他国家,会在土耳其袭击事件上就这些问题进行强有力地施压。

---

[1] 19 U.N. SCOR, 1097th meeting 30 (1964).
[2] 19 U.N. SCOR, 1103rd meeting 13 (1964).
[3] 同上注。

第四章 1964年土耳其政府轰炸塞浦路斯的决策

塞浦路斯和希腊频繁控诉土耳其的军事干涉违反了《联合国宪章》第2条第1款的"主权平等"和第2条第4款规定的禁止"使用武力"。[1] 基于此,他们认为,根据《联合国宪章》第103条,《保证条约》第4条在某种程度上授权使用武力,这一规定无效。[2]

---

[1] 19 U. N. SCOR, 1098th meeting 16-17 (1964).

[2] 第103条可理解为限于一个国家负有相互冲突的义务的情况。因此,例如,一个国家对另一个国家实施经济制裁的《联合国宪章》义务可能和其与该国进行贸易的条约义务不符。根据这种解释,第103条不能适用于塞浦路斯的情况,因为所谓的冲突介于《联合国宪章》第2条第1款和第2条第4款项下土耳其的义务和塞浦路斯尊重《保证条约》项下土耳其的权利的义务之间。但是,鉴于第103条的目的显然是确保《联合国宪章》的优先地位,这似乎是一种不必要的限制性解读。

安理会和联合国大会从未根据《联合国宪章》第103条宣布一项条约无效,尽管这一问题已经在这两个机构中被提出。参见 1 U. N. SCOR, 22nd meeting 318-19 (1946) (Anglo-French Agreement of 1945); 7 U. N. GAOR, 1st Comm. 257 (1952) (Franco-Tunisian Treaties of 1881 and 1883)。在联合国大会讨论法国-突尼斯条约(Franco-Tunisian Treaties of 1881 and 1883)期间,澳大利亚代表主张,第103条"没有赋予联合国权限,只是说《联合国宪章》应优先于各项条约……" 7 U. N. GAOR, 1st Comm. 258 (1952)。然而,印度代表敦促联合国至少可以"提请会员国注意这种分歧……"。 8 U. N. GAOR, 1st Comm. 39 (1953).

《联合国宪章》起草者明确拒绝了一项原本要求各国在加入联合国时促使它们脱离与宪章不符的条约的规定。见 Doc. No. 934, IV/2/43, 13 U. N. Conf. Int'l Org. Docs. 701, 706-8 (1945)。这一规定包含在《国际联盟盟约》(Covenant of the League of Nations)第20条第2款中,如果它被旧金山会议采纳,就可以为如下主张提供基础:一个国家在加入联合国时必须声明宪章和某条约之间有冲突,或在加入联合国后必须接受它们之间的一致性。这项规定被否决的主要理由是,在发生实际争议之前,一些不一致的情况可能不太明显。同前注;以及 U. S. Delegation to the U. N. Conference on International Organizations, Report to the President on the Results of the San Francisco Conference 155-7 (1945).

塞浦路斯代表也提出了与上述案文所建议的论点有些不同的论点,他们声称,除非《联合国宪章》明确授权,否则任何条约授权使用武力的(转下页)

然而,土耳其可以指出,关于主权平等的含义,国际上没有达成共识[1]。尽管许多国家并没有一直在其范围问题上取得一致,但它们已经主张这一规定有很多实质内容。[2] 然而,旧金山会议的记录和联合国随后的实践都不能为此观点提供支持。[3]

(接上页)行为都将被国际法的强行性规范所取代。参见 Jacovides, *Treaties Conflicting with Peremptory Norms of International Law and the Zurich-London "Agreements"* (1968)。

[1] 参见 Special Committee on Principles of International Law Concerning Friendly Relations and Co-operation Among States, Consideration of Principles of International Law, U. N. Doc. No. A/5746, at 148-70 (1964)。主权国家平等的一般概念是由17世纪和18世纪的国家主义者提出的;参见 Dickinson, *The Equality of States in International Law* 68-99 (1920),但1943年在莫斯科发表的四大国声明(Four-Power declaration),显然是"主权平等"一词首次被纳入非正式的国际协议。参见 U. N. Doc. No. A/C. 6/L. 537, at 186-210 (1963)。Baxter, *Study of the Principles of International Law Concerning Friendly Relations and Co-operation Among States in Accordance with the Charter of the United Nations*, pt. 4 (1965)。

[2] 比较国际法原则特别委员会中捷克和四国的提案, *supra* note 31, at 148-50。

[3] 起草第2条的小组委员会将"主权平等"定义为:"(1)各国在法律上平等;(2)每一个国家都享有全部主权所固有的各项权利;(3)尊重国家的人格,尊重国家的领土完整和政治独立;(4)国家应当按照国际秩序忠实履行其国际责任和义务。"Doc. No. 944, I/I/34(1), 6 U. N. Conf. Int'l Org. Docs. 446, 457 (1945). 关于国家间友好关系和合作的国际法原则特别委员会在1964年的墨西哥会议上能够就"主权平等"的唯一的别的要素达成一致的,是"每个国家都有权利自由选择和发展其政治、社会、经济和文化制度"。参见 U. N. Doc. No. A/5746, at 163 (1964)。

联合国大会的许多决议明确提到了主权平等原则,但没有一项决议对其实质性内容做出重大说明。参见 U. N. General Assembly Res. No. 1004 (ES-II), U. N. GAOR, 2nd Emergency Sess, Supp. No. 1 at 2 (A/3355) (1956)。联合国大会和安理会的辩论都援引了这一原则,但在这些事例中,它似乎更多地被用作一种修辞手段,而不是一项实质性原则。例如,许多国家根据《联合国宪章》第2条第1款对"不公平"或不平等"条约提出挑(转下页)

第四章　1964年土耳其政府轰炸塞浦路斯的决策

它们表明,主权平等既不授予权利也不施加除了宪章其他条款规定之外的义务。更确切地讲,可以确定的是联合国的所有会员国都无差别地享有这些权利、履行这些义务,当然,以《联合国宪章》中的特别规定为基础的差别除外。[1]

《联合国宪章》第2条第4款造成了更多麻烦问题。这一规定要求各会员国"在其国际关系上不得使用威胁或武力,或以与联合国宗旨不符之任何其他方法,侵害任何会员国或国家之领土完整或政治独立"。塞浦路斯和希腊竭力主张,土耳其在《联合国

(接上页)战。参见 18 U. N. GAOR, 6th Comm. 221-2 (1963) (statement by the Cuban representative); 2 U. N. SCOR, 175th meeting 1753-4 (1947) (statement by the Egyptian representative)。

[1] 参见 18 U. N. GAOR, 6th Comm. 256-7 (1963) (statement by the United States representative); 7 U. N. GAOR, 1st Comm. 258 (1952) (statement by the Australian representative) ("义务……不应与不构成义务的目标、目的或宗旨混淆"); Broms, *The Doctrine of Equality of States as Applied in International Organizations* 162-6 (1959)。对于将"法律面前平等"与"法律平等"混为一谈的理论家的评论,参见 Dickinson, *supra* note 31 at 3-5; Baker, "The Doctrine of Legal Equality of States", Bri. Yb. Int'l L. 1, 2 (1923-4)。
一些条约的限制可能是过于繁重,以致于毫无意义地增加了联合国会员国的义务。参见 Higgins, *The Development of International Law Through the Political Organs of the United Nations* 31-4 (1963)。希金斯说,因为根据《塞浦路斯建国条约》,塞浦路斯要保留英国的军事基地,塞浦路斯共和国"似乎非常接近缺乏真正独立的边缘,但没有人反对接纳塞浦路斯加入联合国"。同前注,第34页(脚注省略)。事实上,塞浦路斯政府已经提出,"既然……塞浦路斯的主权并不完整,但是由于1960年条约的存在,它要服从外国干涉。人们可合理地主张塞浦路斯不应被接受为联合国会员国"。参见 Cyprus Government Press Office, *The Roots of Evil*, 21 Feb. 1964。但是,塞浦路斯政府并没有提出其将在此基础上退出联合国,而是把这一问题倒过来,并宣布由于塞浦路斯是联合国会员国,1960年条约是无效的。自从旧金山会议以来,各国加入联合国的政治进程掩盖了"主权平等"是成为联合国会员国的一个有意义的先决条件这一观念。

宪章》第2条第4款项下的义务必然不允许其根据《保证条约》采取任何武装行动。[1]

然而,土耳其坚持认为,根据《保证条约》第4条所实施的军事干涉并没有"侵害塞浦路斯的领土完整和政治独立",因为签署《保证条约》的目的就是"确保维护(塞浦路斯)的独立、领土完整和安全",并且依据该条约第4条所采取的行动必须是为了"恢

---

[1] 参见 19 U. N. SCOR, 1235th meeting 63-5 (1964)。同时参见 Antonopoulos, "Les Tendances constitutionnelles des etats ayant accede recemment a l'independance", 15 Revue Hellenique de Droit International 307, 316 (1962); Constantopoulos, "The Right of Intervention", *International Relations* (Athens), Aug. 1964, pp. 41, 43。参见 Lavroff, "Le Statut de Chypre", 65 Revue Generale de Droit International Public 527, 543 (1961); De Smith, *The New Common-wealth and Its Constitutions* 285 (1964)。
塞浦路斯坚称,国际法委员会条约法草案第37条支持其立场。该条规定,"一项条约如与一般国际法中不容许减损的强制性规范相冲突,即属无效",并且委员会提及的例子之一是一项条约考虑接受非法使用武力,违反《联合国宪章》的原则。International Law Comm'n, Report U. N. Doc. No. A/5509, at II-12 (1963). 基普里亚努先生在安理会辩论中大力强调这一措词。参见 19 U. N. SCOR, 1098th meeting 18 (1964)。但是,只有在《联合国宪章》禁止根据《保证条约》第4条进行武装干预的情况下,它才有意义,因此,它对这一基本问题没有增加任何内容。基普里亚努先生为了支持他的观点还从科孚海峡案(*Corfu Channel Case*, [1949] I. C. J. 4, 35)的判决中引用了一个著名的段落:"法院只能把所谓的干预权看作是一种武力政策的表现,这种政策在过去引起了最严重的滥用,而且无论国际组织目前有什么缺陷,这种政策也无法在国际法中占一席之地。"参见 19 U. N. SCOR, 1098th meeting 18-19 (1964)。但是,所引用的语句并不适用于目前的情况,因为"所谓的干预权"是基于英国的观点,即英国需要获得提交给法院的证据,而不是执行土耳其认为的,条约特别授权为此目的进行武装干预的条约所规定的义务。
注意,虽然《联合国宪章》第2条第1款在塞浦路斯于1960年成为联合国会员国之前并不适用于塞浦路斯,参见 U. N. General Assembly Res. No. 1489, 15 U. N. GAOR, Supp. 16, at 65(A/4684) (1960),但是《联合国宪章》第2条第4款限制会员国对"任何国家"的行动,不论其是否为会员国。

第四章 1964年土耳其政府轰炸塞浦路斯的决策

复本条约建立的情势的唯一目的"。[1]《联合国宪章》第2条第4款第1句是否禁止《保证条约》第4条项下的一切使用武力的行为,土耳其的前述论点对此问题有很强的感染力。但问题依然是根据《保证条约》第4条进行的军事干涉是否符合"联合国的宗旨",并且,如果是符合的,又在何种条件下、采取什么方式是符合的。土耳其并没有直接回答这个问题。

《联合国宪章》在其宗旨中首先列出要维护"世界和平与安全"。根据《联合国宪章》第2条第4款,安理会负有实现这一宗旨的"首要责任"。联合国大会和各种区域安排也被明确授权在特定情况下去维持和平,但是《联合国宪章》第51条规定的各国自卫的"固有权利",是《联合国宪章》唯一明确认可的各国可以单独使用武力的情况。因此,一些评论者认为,除了自卫以外,《联合国宪章》绝对禁止其他一切单方使用武力的行为。[2] 这是一种对许多国家都有说服力的建议。除了有关自卫权利外的范围与内容的问题,《联合国宪章》还为和平解决国际冲突确立了广泛而确定的授权,和平解决国际冲突显然是联合国作为一个整体的根本利益所在。而且,这一观点似乎与《联合国宪章》协商订立的历史相符。[3]

---

[1] 20 U. N. SCOR, 1234th meeting 23-4 (1965).

[2] 参见 Stone, *Aggression and World Order* 92-103 (1958)中引用的有关权威学者观点及对其观点的评论。

[3] "单方使用武力或类似武力措施未被授权或承认。在合法自卫中使用武器仍然是被承认且未被减损的。因此,为了支持本组织在争端开始时或在本组织自行规定的解决办法期间所做的决定而使用武力,仍然是合法的。" Doc. No. 944, I/1/34 (1), 6U. N. Conf. Int'l Org. Docs. 446, 459 (1945) (Report of Rapporteur of Committee I to Commission 1).

土耳其在之前的安理会任何讨论上都没有对这一分析做出任何回答。土耳其代表明白,如果他们要证明根据《保证条约》第4条实施的袭击具有正当性,就必须做出回答。此外,英国的支持也很重要。在所有事件中辩护是很难的;如果没有另外一个保证国的支持,土耳其实际上将不可能坚持下去。

2. 来自英国的压力

和过去一样,英国在1963年末开始的危机中的主要利益就是维持和平。英国在全世界的战略地位在缓慢衰落,但塞浦路斯和英国在岛上的两个军事基地依然重要。这两个军事基地继续作为北约"防御盾"的一部分,同时也为英国在中东的石油供应提供保护。岛上暴乱再起,尤其是希腊和土耳其之间可能发生直接军事冲突,都危及上述利益。此外,英国作为一个保证国负有特殊责任。虽然这些责任的范围和大小并不明确,但它们至少要求英国尽一切可能地施压以维持塞浦路斯岛的和平。

英国代表对基普里亚努提问的回应明显是在暗示在某些情况下,《保证条约》的确授权使用武力,而且这种使用并不必然违反《联合国宪章》。但他又补充道:"讨论这些假定情形并不是安理会现在的任务的组成部分……安理会最要紧的任务……是(找到)最佳方法确保不再发生《保证条约》第4条项下的军事干涉。"[1]

英国从未公开声明在何种条件下军事干涉是恰当的。但正如我们所见,英国官员宣称各保证国可以按照《联合国宪章》第8章的规定,作为"区域安排"行动。对这一总体立场的支持,以及

---

[1] 19 U. N. SCOR, 1098th meeting 12 (1964).

第四章　1964年土耳其政府轰炸塞浦路斯的决策

对塞浦路斯观点的反对,可以沿着以下几个方面进行描述。

虽然制定《联合国宪章》的谈判历史表明,《联合国宪章》的起草者们意图排除除自卫以外的单方使用武力,但必须从《联合国宪章》制定者们所规划的维持和平方案来看待这一历史。根据此方案,安理会的五个常任理事国将协作维护世界治安。即使假定在旧金山会议形成的美苏团结能够持续下去,安理会是否能够实现这一设想也是不确定的。但无论如何,联合国会员国都有智慧和创造力发展其他机制以实践《联合国宪章》的宗旨。他们将《联合国宪章》视为旨在应对新的、不断变化的世界局势,经过深思熟虑的普遍性章程文件。安理会作用的减弱,是与联合国大会通过"团结起来解决和平问题"的维持和平能力的增强,以及根据《联合国宪章》第8章成立的区域安排的增多相对应的。美国代表近期主张,根据《联合国宪章》第8章,1947年的《里约热内卢条约》为1962年封锁古巴提供了适当的法律基础,联合国会员国这才意识到与这些区域安排相关的问题以及区域安排对它们行为的限制。[1] 对《保证条约》条款及其起草者意图的分析表明,《保证条约》,也许其他类似条约[2],为符合联合国宗旨的武

---

[1] 参见 Chayes, "Law and the Quarantine of Cuba", 41 Foreign Affairs 550, 554 – 7 (1963); Meeker, "Defensive Quarantine and the Law", 57 Am. J. Int'l L. 515, 518 – 19。

[2] 只有少数传统意义上的保证条约似乎是在本世纪缔结的,尽管它们曾经是一种比较频繁的国际承诺。参见麦克奈尔的著作中引用的协议,McNair, *The Law of Treaties* 239 – 54 (1961); 1 Oppenheim, *International Law* 964 – 8 (8th ed., Lauterpacht, 1955)。在条约条文和它们缔结时的情势方面,这些例子看起来都与这里分析的保证条约没有足够的相似之处。然而,应当提到关于这类条约的两点。第一,有几个协议,比如1925年10月16日签订的《洛迦诺条约》(Treaty of Locarno), (54 L.N.T.S. 289,由德国、[转下页]

力使用提供了类似区域安排的机制。

1960年条约的基本目的就是保护塞浦路斯的土耳其族少数族群,并为几百年来饱受暴力摧残的塞浦路斯岛的和平创造条件。为实现这一目标,这些条约提供了一套精心设计的保障措施架构。包括塞浦路斯宪法在内的各种内部保障机制是防止民族间冲突的第一道防线。但如果这些机制失灵,那么《保证条约》所建立的保护机制就会运转——采取集体措施,或者在不能达成多方协议的情况下采取单方行动。

《联合国宪章》第8章所设想的各种安排涉及的是一个区域内的事务,而不是一个国家的事务。但是这种区分有点无聊,因为违反《保证条约》可能将三个地中海国家以及英国卷入同一场冲突。英国在地中海地区有重大利益。更重要的是,对单方行动权的特别承认使《保证条约》区别于其他区域安排的章程性文件。[1] 像《里约热内卢条约》这样的协议,至少需要获得大多数

[接上页]比利时、英国、法国和意大利签署),包括个别和集体保障。参见 Bishop, "The Locarno Pact", 11 Transact. Grot. Soc'y 79, 95‐6 (1926)。第二,特别机制是若干早期保证条约的保护对象之一。关于这些协议,罗伯特·菲利莫尔爵士(Sir Robert Phillimore)写道:"干预的权利已经,而且可能被一个一个国家承认,而不会导致承认它的国家丧失法人资格——也不会使该国降低到目前的……受保护的、独立的国家的地位。这是一种当然与公法的每一个假定都对立的保证制度的构建,而且这种保证制度只能——如果按照现代实践和词语用法,它完全可以创设的话——通过明确的言词创设。这样的条约充满了对公众和国际法的最大利益的损害。" 2 Phillimore, *International Law* 85 (1882).

[1] 另一个显著特点是,除非有一个缔约国违反了条约条款,否则《保证条约》第4条的执行条款不会被触发。其他区域安排,例如泛美制度,在某种程度上允许使用武力,首要关注的是为了应对非成员国在该区域内进行干预的威胁。

成员国的同意才能在集体的领导下采取行动。根据区域安排使用武力的基本原理是,"决策是通过包含制约与平衡的政治程序做出的,这一程序能保证其结果体现各方深思熟虑的判断与广泛的共识。"[1]但保证国根据《保证条约》第 4 条的单方行动不能提供这样的保证。相反,只有各保证国不能就联合措施达成一致,才能根据第 4 条采取单方行动。

然而,与此同时,《保证条约》的协商要求,确实确保了一段冷静期,并为行动国在单方行动之前权衡所有保证国的意见提供了机会。此外,第 4 条还对根据该条款可以采取的行动规定了重要限制,即这种行动必须是"为了恢复本条约所建立的情势的唯一目的"。该限制中隐含的一个要求是,所采取的措施对于实现该"唯一目的"是恰当的。

在此基础上,英国可以合理地得出结论,即在某些情况下,《保证条约》规定的协商一致就是授权各方可以使用武力恢复原有"情势"。英国也可以合理地断定,这种武装行动符合联合国宗旨和《联合国宪章》第 2 条第 4 款。对土耳其而言,是否能得到英国的支持,比是否能在《联合国宪章》第 8 章或其他类似章节中找到法律依据更为重要。

假定英国还继续坚持认为在某些具体情况下保证国单方实施军事干涉是适当的,那么土耳其是否可以合理推测英国官员会将 1964 年 8 月初的情势纳入到这些具体情况中?此时,距离安理会接手处理这场危机已经过去了 6 个多月。根据 1964 年 3 月 4 日、3 月 13 日和 6 月 20 日的决议,安理会正在积极行使对该事

---

[1] Chays, "Law and the Quarantine of Cuba", *41 Foreign Affairs* 550, 554 (1963).

件的管辖权。[1]通过第一项决议,联合国维和部队进驻了塞浦路斯岛,联合国秘书长任命了一位调解人,还呼吁所有联合国会员国"制止可能使独立的塞浦路斯共和国局势进一步恶化或者危及世界和平的任何行动或威胁"。

英国敦促安理会关注这场危机,并支持设立维和部队。英国支持联合国秘书长采取的每一项措施,事实上,英国还建议秘书长采取更有力的措施。就此而论,英国很可能认为,安理会介入此场危机可以预先制止保证国授权决定根据《保证条约》使用武力。在呼吁安理会履行《联合国宪章》规定的维和义务后,英国大概会认定采取单方行动的权利已经被暂停行使。《联合国宪章》第53条规定,"如无安理会之授权,不得依区域协定或由区域机关采取任何执行行动……"安理会采取的措施似乎阻碍了有关该条件已被满足的任何主张。除了根据区域协定进行武装干涉是否需要事先取得安理会的明确授权之外——这是在古巴导弹危机中提出的问题——第53条似乎规定了一旦安理会授权成立维和部队来处理危机,就不能再根据区域协定采取军事行动。[2]从这

---

[1] 参见 U. N. Docs. No. S/5575, S/5603, S/5778 (1964)。
在爱尔兰政府同意向联合国驻塞浦路斯维和部队提供军队时,爱尔兰外交部长给联合国秘书长写信道:"政府要求我明确表示,我们预计,如果在联合国维和部队进驻塞浦路斯期间,英国、希腊和土耳其政府或其中任何一国政府进行干预,或企图以武力或以武力威胁来解决该问题,特别是以分治来解决问题,我们将立即采取措施将爱尔兰军队撤出塞浦路斯。"摘自1964年3月24日爱尔兰常驻联合国代表团的新闻稿。因此,土耳其政府必须认识到,单方军事干预可能导致维和部队的解散。
[2] 在古巴导弹危机爆发之初,美国国务院就声称,隔离并不是"强制行动",因为这类行动涉及使用武力的义务,并且美国国家组织的协商机构只能(也确实)建议根据《里约热内卢条约》使用武力;联合国费用案被援(转下页)

第四章 1964年土耳其政府轰炸塞浦路斯的决策

个意义上说,《保证条约》和《联合国宪章》形成了一个等级结构,在这种结构中,更广泛的制度程序得以优先于较窄的制度程序适用。如果将《保证条约》看作是在创设一种类似于区域协定的机制,而不是《联合国宪章》第8章恰好规定的那种机制,甚至正相反,《联合国宪章》优先的分析就更有说服力。

土耳其可以回应说,应该应用某种标准来衡量安理会是否有效地行使了管辖权,若联合国驻塞浦路斯部队不能处理该危机,就不能阻碍保证国实施武装干涉。在这种情况下,塞浦路斯政府否认了联合国维和部队行使其授权的权利。事实上,塞浦路斯政府攻击科基拉-曼苏拉地区的土耳其族塞浦路斯人违反了其与联合国维和部队指挥官明确达成的协议。

尽管如此,土耳其官员似乎仍然认为这样的论证不能说服英国。假设土耳其在某些情形下使用武力不违背其所承担的《联合国宪章》义务,英国可能也会坚持认为证明这些情形的存在本身就很艰难。根据安理会3月4日的决议,从国际社会的立场来看,军事干涉将会使局势"恶化"?就《保证条约》而言,军事干涉能被恰当地描述为"是为了恢复本条约所确立的情势的唯一目的而采取的行动"吗?除了该安理会决议和《保证条约》之外,军事行动与其所声称的目的——防止对土耳其族塞浦路斯人进一步的镇压措

(接上页)引为权威。参见 Department of State Memorandum, Legal Basis for the Quarantine of Cuba, 23 Oct. 1962, reprinted in Chayes, Ehrlich, and Lowenfeld, *International Legal Process, Documents Supplement* 552-8 (1968)。但在后来的分析中,美国国务院法律顾问暗中改变了立场,承认隔离可以被视为"强制行动",但他辩称,必要的安理会授权既不需要事先也不需要明确,授权已经获得。参见 Chayes, "Law and the Quarantine of Cuba", *41 Foreign Affairs* 550, 555-7 (1963)。

施——有合理联系吗?对这些问题和类似问题的回答,将因所使用的武力种类、如何使用武力以及具体情况的其他方面而不同。但尤其是在没有足够的机会来展示事实的情况下,说服英国的可能性一定很小。承认土耳其有权进行军事干涉就等于承认联合国不能有效地处理这一问题。而自从英国把这场危机交给安理会处理以来,其采取的所有行动都表明它不会接受这种判断。

3. 来自美国的压力

与英国一样,和平解决这场危机对美国也有重大利益。作为北约最强大的成员国,美国负有维护盟国之间和平的重大责任。苏联一再指控,如果北约不干涉主权国家塞浦路斯共和国的内政,就不会爆发这场危机,因而美国的前述责任成为焦点。

除此之外,自杜鲁门计划以来,美国实际上向土耳其和希腊提供了全部军事装备,并训练了其军队,因此美国不可避免地卷入了此事。[1] 1948—1964 年间,美国向土耳其提供了超过 23 亿美元的军事援助,向希腊提供了大约 13 亿美元。[2]

美国提供军事援助的主要动机是据杜鲁门计划对抗共产主义,美国既不打算将其援助用于对付塞浦路斯,也不是要保卫塞浦路斯以抵抗土耳其。[3] 1964 年 8 月之前,美国曾两次实施最

---

[1] 参见 Hearings on the Foreign Assistance Act of 1964 Before the House Committee on Foreign Affairs, 88th Cong., 2nd Sess. pt. IV, at 501 − 2 (1964); Hearings on the Foreign Assistance Act of 1963 Before the Senate Committee on Foreign Relations, 88th Cong., 1st Sess. 638 (1963)。

[2] 参见 Agency for International Development and Department of Defense, Proposed Mutual Defense and Development Programs FY 1966, Summary Presentation to the Congress, Mar, 1965,第 226 页。

[3] 19 U. N. SCOR, 1153rd meeting 7 − 9 (1964) (statement by Ambassador Stevenson)。

强外交压力阻止土耳其入侵塞浦路斯。1964年6月第二次施压，约翰逊总统给希腊首相伊诺努写了一封密信，用伊诺努的话说，信中包括了"所有可以收集的法律霹雳(juridical thunderbolts)"。这封信以土耳其应当承担各种法律义务的口吻起草。约翰逊总统声称，土耳其入侵塞浦路斯将违反许多国际承诺：第一，"在采取任何此类行动之前与美国进行全面磋商"的承诺；第二，同其他保证国协商，且协商绝不停止的承诺；第三，对北约做出的绝不削弱该组织的力量，或者不造成苏联卷入的危险的承诺；第四，对联合国做出的以与联合国的努力一致、能给该岛带来和平的方式行动的承诺。约翰逊总统的"法律霹雳"还包括：

> 根据1947年7月与土耳其签订的协定第4条，贵国政府必须获得美国的同意，才能使军事援助用于提供援助以外的目的……我必须坦率地告诉你，美国不会同意土耳其使用美国提供的任何军事装备，在当前形势下干涉塞浦路斯。

事实上，1947年《美国-土耳其援助协定》仅就援助计划提出了最一般的理由："为实现《联合国宪章》的基本宗旨……加强美国和土耳其人民之间的友好关系。"[1]从表面上看，没有任何迹象表明依据该协议提供的军事援助必须只能用于对抗共产主义，

---

[1] Aid Agreement with Turkey, 12 July 1947, T. I. A. S. No. 1629. 这一协议类似于美国与希腊的援助协议，但与1948年及之后与土耳其、希腊和其他国家签订的经济合作协议有很大不同。参见 Economic Cooperation Agreement With Turkey, 4 July 1948, T. I. A. S. No. 1794, as amended, 31 Jan. 1950, T. I. A. S. No. 2037, 16 Aug. 1951, T. I. A. S. No. 2392, 30 Dec. 1952, T. I. A. S. No. 2742。

必须只能用于防御目的,或者甚至不能用来对抗美国的盟友。

与此同时,该协定的确规定,如果美国总统决定撤回援助"符合美国的利益",那么"将要提供的"援助也将被撤回。[1] 从《美国-土耳其援助协定》的措辞看,不清楚美国的"撤回权"是否包括撤回已经提供给土耳其的援助,或者是否此权利只能适用于预期的援助。作为一个实际问题,难以想象美国将如何撤回以前已经提供的援助。但在分析实施军事干涉的利弊时,土耳其领导人想必是要考虑美国可能决定终止援助的风险。拒绝提供修理及更换零件的做法,短时间内几乎能等同于撤回已经提供的装备。美国暂停对土耳其的援助将严重损害后者的军事实力。美国这样做是具有明确的法律权限的。在权衡这个问题时,土耳其必须考虑美国所面临的压力。未能够终止援助可能会削弱以后这种威胁的可信度。另一方面,停止援助可能会使美国失去现在仍有的对土耳其行动的影响力。

美国大概率会将约翰逊总统6月份的密信中提到的事情付诸行动。但是由于这场危机,美国对土耳其事务的影响力已大大削弱。在6月份的入侵流产后,约翰逊总统和伊诺努首相举行了会晤。他们发表联合公报说到,他们的商讨是在受"现有条约约

---

[1] 同前注,第4条第3款。《同土耳其的合作协定》(Agreement of Co-operation with Turkey, 5 Mar. 1959, T. I. A. S. No. 4191)第3条规定:"土耳其政府承诺利用美国政府可能提供的军事和经济援助……目的是有效促进土耳其的经济发展,维护其国家独立和完整。"并且,1952年1月7日美国与土耳其签订的共同安全协定(Mutual Security Agreement with Turkey, 7 Jan. 1952, T. I. A. S. No. 2621)第2段列举了土耳其政府的六项一般承诺,包括"确保有效利用美国提供的经济和军事援助的适当步骤"。

束"的基础上进行的。[1] 但是,在两次劝阻土耳其执行其军事计划之后,至少在土耳其人看来,美国被认为负有以某种对土耳其有利的方式和条件解决冲突的义务。任何迫使一个国家放弃通过自助手段进行宣泄的压力,都会引发对和平变革的要求。最后,无论压力是来自某国具有说服力的观点,还是安理会的禁令,它只有在发展和平变革模式的情况下才有效。而在塞浦路斯危机中,美国并没有满足这些和平变革的要求,虽然其目的并不是出于尝试。结果,整个1964年夏天,安卡拉爆发多次反美游行[2],土耳其舆论对美国阻止土耳其的军事干涉表示强烈的反对。此外,土耳其和苏联似乎正在发展更密切的关系。作为美国曾经最坚定的近东盟友,土耳其正在重新考虑自己的利益。至少在某种程度上,这例证了一个看起来越来越普遍的现象——也许这个现象并不糟糕:一个正在成熟的国家,与美国亲密结盟,并且很大程度上依靠美国提供的援助,它认识到美国不会无限制地对其做出许诺——无论它多么紧密地拥护美国的政治利益。

4. 土耳其的决策

1964年8月7日和8日,土耳其轰炸机袭击了塞浦路斯。土耳其政府声称,此次轰炸仅针对军事目标[3],但联合国驻当地代表的报告显示,"这些对手无寸铁的平民的突袭造成许多无辜平民伤亡,大量财产损毁……"[4]。8月9日,安理会谴责了土耳

---

[1] Dep't of State Bull. 49 (1964).
[2] *N. Y. Times*, 29 Aug. 1964, p. 1, col. 7.
[3] 19 U. N. SCOR, 1142nd meeting 12 (1962).
[4] 秘书长关于联合国塞浦路斯行动的报告, U. N. Doc. NO. 5950, at 64 (1964)。

其的行动,并要求"土耳其政府立即停止轰炸及其他针对塞浦路斯的任何形式的武力……"[1]。显然安理会所有成员认为,土耳其的轰炸与安理会对塞浦路斯危机的认知不符,与安理会要求各方不得采取任何可能危及国际和平行动的特别命令不符,与《联合国宪章》的维持和平之宗旨不符。

在1964年8月7日之前,土耳其一直都遵守安理会的呼吁。在此之前,尽管土耳其曾几次威胁使用武力,但从未真正使用过。土耳其没有实施这些武力威胁,部分是因为单是做出这些威胁就足以阻止塞浦路斯政府隔离土耳其族塞浦路斯人聚居地;部分是因为安理会及其会员国,尤其是美国施加的强大压力;最重要的是,联合国维和部队驻扎在塞浦路斯,帮助阻止了土耳其采取单方行动。但是,土耳其代表仍坚持认为,联合国维和部队不但必须行动,而且必须有效地执行其任务。当这些条件不再满足时,土耳其就一定会行动。

回想起来,如果持续的武力威胁仍然是可信的,土耳其采取某种军事行动好像几乎无可避免。1964年8月以前,联合国的数次辩论反映出,对于那些并不与此直接相关的国家来说,它们日益厌倦此危机,也就越来越觉得应该将此问题交给塞浦路斯人民自己解决。土耳其领导人可能已经认识到,不能再喊狼来了,再没有人会相信他们了。

上述分析表明,土耳其当时可能认为,其基于《保证条约》支持任何军事行动的诉求不可能在安理会得到认可。因此,土耳其

---

[1] 参见 Security Council Res. 193, U. N. Doc. No. S/5868 (1964)。同时参见 the consensus adopted by the Council on 11 Aug. 1964. 19 U. N. SCOR, 1143rd meeting 62 (1964)。

第四章 1964年土耳其政府轰炸塞浦路斯的决策

代表知道他们不得不转而主张自卫。要陈述自卫主张不需要援引《联合国宪章》第51条,这样就可以不去论证在安理会已经采取措施的情况下就不能再根据宪章采取行动,另外也不用论证其并没有"武力攻击联合国会员国"。在决定使用何种武力以及如何使用武力时,土耳其政府大概是设法以最符合法律上固有的自卫权方式行事。他们寻求进行有限度的武力干涉,以便最大可能地迫使塞浦路斯政府停止其军事行动,强调未来实施威胁的可信性,并在目标实现时终止行动。

土耳其政府可能认为入侵塞浦路斯是轰炸之外的主要选择,此前土耳其曾多次威胁要入侵。两相权衡,空袭具有明显的军事优势。如果派军队登陆该岛,将会遭遇塞浦路斯国民警卫队、根据《联盟条约》驻扎在塞浦路斯的希腊特遣队以及希腊违反《联盟条约》在岛上增派的军队。塞浦路斯没有空军,而土耳其的空军力量是希腊的三倍。塞浦路斯和希腊之间的距离意味着希腊战斗机能在塞浦路斯岛上停留的时间非常有限。此外,如果不撤退,入侵就难以取消;而空袭更容易终止。除了这些优势,土耳其还可以声称,轰炸只是为了保护被围困的土耳其族塞浦路斯人,当他们的安全得到保证时,就会停止轰炸。在轰炸事件后,土耳其代表向安理会所做的发言强调,马卡里奥斯政府不公正地对待土耳其族塞浦路斯人,而且联合国或保证国都没有能力采取集体行动保护这个少数民族。

塞浦路斯的土耳其族人被剥夺了他们所有的宪法保障,他们的同胞组成了一个自相残杀、残暴和非法的集团,针对并屠杀他们,由于其他保障国不愿或不能采取行动,加上联合国维和部队看上去的无能为力,他们除了向土耳其寻求保护外别无他法,并且土耳其不能忽视这种符合人道和具有合法性的请求。

……在这种情况下,土耳其政府被迫从空中轰炸用于运送增援部队进入的道路,以阻止增援部队的输送。土耳其空军采取的这一行动只直接针对军事目标,构成合法自卫时采取的有限保卫行动。[1]

这是在自1963年12月开始的整个危机期间,土耳其代表唯一一次公开将自卫权作为其军事行动的基础。

土耳其一定预料到了会有要求其停止轰炸的强大压力,安理会可能强力谴责此行动是土耳其首要考虑的。面对这些压力,土耳其至少能期待以后进行武力威胁会有可信性。此外,土耳其就同意停止轰炸提出条件,即塞浦路斯政府同意结束对科基拉-曼苏拉地区的包围。根据土耳其驻联合国代表的说法,事实确实如此:

当土耳其同意停止在科基拉-曼苏拉地区的空中武力干涉时,土耳其就知道希腊族塞浦路斯进攻者将撤退到他们8月5日以前占领的地方,该地区土耳其族塞浦路斯人的安全将得到保障,并且应用于土耳其族塞浦路斯人的不人道经济封锁将被解除。[2]

---

[1] 19 U. N. SCOR, 1142nd meeting 11–12 (1964).
[2] U. N. Doc. No. S/5954, at 1 (1964). 土耳其政府在这份提交给联合国秘书长的备忘录中宣布,所述条件没有得到满足,因此,土耳其将向受到(转下页)

总之,土耳其声称,由于联合国维和部队不能保护土耳其族塞浦路斯人,轰炸是土耳其唯一可采取的办法。事实上,土耳其进行了轰炸,科基拉-曼苏拉地区的冲突也停止了。

(接上页)封锁的人们运送食物。此外,其威胁道,如果运送被阻止,"土耳其政府将被迫采取适当行动,以捍卫其权利和履行交付给它的人道主义责任"。秘书长立即答复道,安理会8月9日的决议和8月11日安理会协商一致的意见没有提到土耳其备忘录中提到的那种谅解,"执行安理会的各项决议和8月11日安理会协商一致的意见,不能视当事各方遵守与这些文件无关的任何规定的情况而定"。U. N. DoC. No. S/5961, at 2 (1964). 他强调,联合国驻塞浦路斯部队正在尽其所能帮助向科基那地区的土耳其族塞浦路斯人运送食物,但是,"为了使维和部队能够提供这种帮助,土耳其政府任何将物资运入塞浦路斯领土的计划都必须得到塞浦路斯政府的同意"。同前注,第3—4页。他还提请"注意任何企图以任何其他理由将材料或物资带入塞浦路斯领土的行为可能造成的危险后果"同前注,第4页。土耳其政府从未实施其威胁。

第五章　1967年希腊政府从塞浦路斯撤军的决策

1960年《联盟条约》规定,驻塞浦路斯的希腊军队不得超过950人。然而,作为1963年圣诞节开始爆发的危机的结果,大量希腊军队和武器被运抵该岛。到1967年,估计有超过1万至1.2万名希腊士兵驻扎在塞浦路斯。[1] 乔治·格里瓦斯将军是他们的统帅,他仍在公开呼吁塞希合并。格里瓦斯将军于1964年从希腊返回塞浦路斯,担任塞浦路斯国防军最高指挥官。塞浦路斯国民警卫队也属于国防军的一支,大约有1万名现役士兵和2万名预备役士兵。应征入伍者主要是希腊族塞浦路斯人,但许多委任及非委任的军官都是希腊本土人。

1967年11月15日,国民警卫队对土耳其族塞浦路斯人的几个居住地发动攻击。这些攻击不仅引发了联合国秘书长及维和部队司令的强烈反对,还招致了土耳其新的入侵威胁。虽然在24小时内,经过谈判达成了停火,但是,直到经过10天紧张的国际谈判,达成希腊政府撤出其在塞浦路斯岛的超出《联盟条约》授

---

[1] 一些报道指出,2万希腊士兵已经抵达塞浦路斯,参见 *N. Y. Times*, 19 Nov. 1967, p.14, col.6,但大多数报道估计士兵人数为1万~1.2万。

第五章 1967年希腊政府从塞浦路斯撤军的决策

权的950人的所有军队的协议时,新的危机才得到解决。本章分析希腊政府的撤军决策以及法律规范和机制对该决策过程的影响。分析表明,法律为土耳其坚决要求希腊通过撤出超额军队的方式、重申1960年条约提供了一个框架,也为希腊提供了一个机制,使其得以在不失尊严和不发生武装冲突的情况下同意土耳其的要求。

在1964年8月土耳其轰炸后的3年里,塞浦路斯的紧张局势时而加剧,时而缓和。塞浦路斯政府可能做出新的努力限制土耳其族塞浦路斯人飞地,随后土耳其就会开始新的武装登陆威胁,接着联合国安理会和联合国秘书长紧急呼吁各方保持克制,随后塞浦路斯政府减少限制,土耳其也遣散其武装部队。前述情形周而复始地出现。尽管兵力已减少到大约4 500人,但联合国维和部队仍驻留在塞浦路斯岛。孤立的枪击事件每天都发生,虽然有几次例外,但联合国维和部队能够阻止大规模暴力事件的爆发。此外,联合国代表设法调解两族之间的矛盾,以期塞浦路斯经济和政治生活至少恢复表面上的正常。

例如,在1965年夏天,部长理事会希腊族成员在马卡里奥斯总统的主持下,提议立法废除所有关于选举总统、副总统和众议院成员的种族差别。[1] 在拒绝给予土耳其族代表参与众议院程序的权利后,众议院通过了这项立法。英、土两国政府对此提出了外交抗议。在随后的安理会会议上,法国、苏联、美国以及英国和土耳其的代表都批评了塞浦路斯的行为。[2] 就连希腊代表也

---

[1] 参见 Secretary-General, Report on Recent Developments in Cyprus。U. N. Doc. No. S/6569 (1965).

[2] 20 U. N. SCOR, 1235th meeting (1965).

表示"想象得到人们可能会对这项立法的时机有些疑虑"。[1]在此情形下,塞浦路斯政府放弃了这项计划。

几个月后,钟摆摆向了另一个方向。塞浦路斯政府采取的几项措施似乎标志着其此前对土耳其族塞浦路斯人和土耳其的强硬立场已经转变。也许最重要的是,塞浦路斯政府在1965年10月宣布"准备并且愿意":(1)按《世界人权宣言》(Universal Declaration of Human Rights),制定《基本权利法典》(Code of Fundamental Rights)以保护土耳其族塞浦路斯人;(2)允许土耳其族塞浦路斯人独立管理其族人的"教育、文化、宗教(和)个人地位";(3)允许土耳其族塞浦路斯人基于比例代表参加议会;(4)在过渡时期,接受联合国塞浦路斯事务专员及其他"适当机制"确保土耳其族塞浦路斯人权利得以落实。[2] 土耳其族塞浦路斯人根据《基本权利法典》能得到的实际保护程度可能仍是问题,尤其是鉴于在实施1960年《塞浦路斯宪法》的过程中对各种基本权利和自由进行更详尽陈述时遇到的各种困难。塞浦路斯政府此举的部分原因可能在于,他们期望在第20届联大会议开幕前的几个月里,为其在塞浦路斯危机中各种问题上坚持的立场赢得支持。与此同时,塞浦路斯政府的声明整体上似乎代表政府为满足土耳其族塞浦路斯人的一些合理关切而做出的重大努力。

同样,得到土耳其支持的土耳其族塞浦路斯人似乎也在分离与和解之间起伏不定。塞浦路斯政府继续指责土耳其一直迫使土耳其族塞浦路斯人进入飞地——阻止他们返回家园——以维

---

[1] 20 U. N. SCOR, 1234th meeting 17 (1965).
[2] U. N. Doc. No. A/6039 (1965).

持将分治作为最终解决方案的讨价还价的能力。土耳其继续声称,塞浦路斯政府在希腊的支持下,仍在推动塞希合并。

联合国在塞浦路斯的存在是为了阻止各方诉诸武力,但它也只是缓和了危机的某些表面症状,并没有触及任何一个基础原因。维和部队起了重要的缓和作用,并且以多种方式斡旋,比如向土耳其族难民运送食物。但其甚至不能采取有效措施以降低未来发生武装冲突的可能性。它无权解除武装、逮捕或禁止进口军事装备;所以说,在一些需要采取行动的领域它反而无权行动。但是,大主教马卡里奥斯明显反对任何扩大维和部队授权以给其必要权力的提议,而且,除非得到大主教同意,不然苏联也会否决这样的提议。安理会定期延长维和部队有限的授权,并敦促有关各方找到迅速解决问题的方案。但是,可能正是各方对联合国的依赖影响了他们寻求长期解决方案的紧迫感。

与此同时,这场危机在塞浦路斯岛外也产生了严重的后果。其中最棘手的是对在土耳其的希腊裔东正教居民的影响。他们绝大多数住在伊斯坦布尔,绝大部分是土耳其公民。同希腊的穆斯林少数群体一样,他们受到《洛桑协定》条款的保护。[1] 根据1930年的一项协定,在土耳其的希腊国民有权从事土耳其为其本国公民保留的职业,在希腊的土耳其国民也有权从事希腊为其本国公民保留的职业。[2] 1964年3月,土耳其政府宣布它将废除1930年的这项协定,并将许多希腊人赶出伊斯坦布尔。土耳

---

[1] Treaty of Lausanne, 24 July 1923, Part I, sec. III, 28 L. N. T. S. 11 (1924).
[2] Convention of Establishment, Commerce and Navigation Between Greece and Turkey, 30 Oct. 1930, Art. 4, 125 L. N. T. S. 371 (1931).

其政府承认,它的主要动机就是报复希腊对塞浦路斯政府的支持。[1]

从1965—1966年,塞浦路斯局势始终不断变动。大主教马卡里奥斯和土耳其领导人都不准备花大力气稳定局势。然而,1967年春天希腊发生了一件事,这件事对危机的长期结果造成的影响可能比塞浦路斯人或土耳其人的任何谋划要深远。

1967年4月21日,一个军事集团通过一场不流血的政变接替了希腊政府。军政府宣布希腊进入紧急状态,中止希腊宪法主要条款的适用。这次政变是康斯坦丁国王(King Constantine)和保皇党派(royalist parties)与乔治·帕潘德里欧(George Papandreou)的中央联盟党(Centre Union Party)之间长期政治危机的顶峰。1965年7月,由于总理乔治·帕潘德里欧之子安德烈亚斯·帕潘德里欧(Andreas Papandreou)被指控参与左翼军官们夺取政权的密谋,中央联盟政府(Centre Union Government)倒台了。新的选举原本定在1967年5月底,乔治·帕潘德里欧似乎有可能获得足够的民众支持,迫使国王请求他组建新内阁。当然,政变消除了这种可能性。

国际社会立即反对希腊军方接管政权。对民主诞生之地的独裁统治的反对声来自全世界,包括民主国家和类似的独裁国家。美国对执行其军事援助计划的货船有选择地停航。军事援

---

[1] 19 U. N. SCOR, 1146th meeting 18 (1946). 土耳其也试图证明对在希腊的穆斯林的歧视。对比 *Turkish Minority in Greece, Greek Minority in Turkey* (undated pamphlet distributed by the Turkish Embassy in Washington),与 Greek Information Services, *The Greek Minority in Turkey and the Turkish Minority in Greece*, Jan. 1965。

助计划下的大约8 000万美元的军事装备已运至希腊,但拒绝给予坦克和飞机等关键装备。报道称,约翰逊总统对希腊驻美国的新任大使说,除非希腊恢复宪政民主,否则别指望美国会恢复军事援助。[1]

其他北约国家甚至更为尖锐地表达对此事的关切。例如,丹麦宣称将在下次北约部长理事会会议上提出希腊问题。丹麦政府表示希望"希腊在最短的时间内恢复自由和民主状态"。[2] 欧洲经济共同体的反应同样强烈。欧洲经济共同体议会一致通过了一项前所未有的决议——只要希腊的政府机构非经自由选举产生,就不会完全执行其与希腊的联系协定。[3] 此外,1967年9月,丹麦、挪威和瑞典政府向欧洲人权委员会提起了一项针对希腊的诉讼。[4] 斯堪的纳维亚的起诉书指控了希腊违反《人权公约》的一系列罪行。最后,苏联迅速谴责希腊新政权是"帝国主义"阴谋的一部分,目的是使塞浦路斯成为侵略共产主义国家、阿拉伯国家和民族解放运动的北约基地。[5]

现在评估希腊政变对塞浦路斯危机的全面影响还为时过早。但在政变后不久,即可轻易确定某些影响。或许最重要的是,从一开始大主教马卡里奥斯与希腊政权之间的关系就不那么友好。如果马卡里奥斯曾经确实梦想在"塞希合并"后成为希腊的总理,那么至少目前是失去了机会。

---

[1] *The Times* (London) 26 Sept. 1967, p. I, col. I.
[2] 62 Am. J. Int'l L. 449 (1968).
[3] 同上注,第448页。
[4] 同上注,第441页。
[5] 参见 Adams and Cottrell, *Cyprus Between East and West* 51 (1968),引自 *Pravda*, 5 July 1967。

据报道,帕潘德里欧政府曾向大主教承诺,如果没有征得后者同意,他们不会采取任何和土耳其永久解决争端的措施。新政权显然没有做出这样的保证。实际上,希腊军政府似乎已经得出结论,只要对土耳其做出一些领土让步,塞希合并就可能实现,并且塞希合并将是值得的。关于可为希腊接受的解决条款,新闻报道不一。也许希腊领导人自己也拿不准主意。但无论如何,大主教马卡里奥斯已明确表示,他不接受以任何名义分治塞浦路斯。1964年7月,约翰逊总统任命迪安·艾奇逊(Dean Acheson)为调停人,艾奇逊先生曾提议实现塞希合并,同时在塞浦路斯岛上设立土耳其军事基地,并且给予土耳其族塞浦路斯人保障。但是,马卡里奥斯阻止了该计划,并且在其间的两年内,没有发生任何能使其改变观点的事。[1] 1965年,联合国调停员加洛·普拉萨(Galo Plaza)先生的一份报告证实,这样的计划仍然不能被希腊族塞浦路斯人所接受。[2]

此外,愈益明显的是,尽管大多数希腊族塞浦路斯人对与希腊之间的种族关系仍然有强烈的感觉,但是,与事实相比,塞希合并更像是一个引人入迷的幻梦。许多希腊族塞浦路斯人正重新考虑合并的好处,因为他们看到合并将带来一些麻烦。军事独裁统治就是一个明显的难题;不同的法律、司法制度,不同的货币(塞浦路斯与英镑挂钩),不同的税收和社会保障结构,以及完全不同的经济体系。也许最重要的是,塞浦路斯的生活水平远远高

---

[1] 艾奇逊先生讲述了自己的努力,参见 Acheson, "Cyprus: The Anatomy of the Problem", 46 Chicago B. Record 349, 352 – 3 (1965)。

[2] 参见 United Nations Mediator on Cyprus, Report to the Secretary-General, U. N. Doc. No. S/6253 (1965)。

第五章 1967年希腊政府从塞浦路斯撤军的决策

于希腊。然而,两国的政客都不能公开承认希腊的愿景正在消散。相反,尽管《保证条约》中的条款禁止一切意在推动"直接或间接地导致该岛合并……或分裂"的活动,但两国领导人仍宣称塞希合并是他们的最终目标。[1]

塞浦路斯岛上驻扎的大量希腊士兵加剧了希腊和塞浦路斯政府之间的紧张关系。马卡里奥斯与格里瓦斯将军之间日益严重的敌意进一步恶化了塞浦路斯的局势。苏黎世会议和伦敦会议显然终结了格里瓦斯将军对塞希合并的希望,于是1959年他带着憎恶离开了塞浦路斯。1964年,他作为塞浦路斯已知最有能力的军事领导人获准回国,但他与大主教的关系一直紧张。随着塞希合并的机会渺茫,两人的关系进一步恶化。1967年整个夏天,不时有谣言说,希腊军方想利用驻扎在塞浦路斯岛上的希腊军队将其政权扩张到塞浦路斯。有报道称大主教怀疑格里瓦斯将军将试图领导政变推翻他,然后宣布希腊与塞浦路斯统一。[2]希腊政府全盘否认这些报道,但也不试图掩饰其与土耳其达成和解的努力。同年7月,希腊政府发布了一份官方声明,要求塞浦路斯领导人即刻下台,这些领导人在"决定性的进展之前"设置了"毫无根据的条件和破坏性的前提",使塞希合并困难重重。[3]

9月,希腊和土耳其两国总理举行了3年来的首次会晤,此次会晤讨论的主题是塞浦路斯。显然,会上提出了替代性解决安排

---

[1] Brown, "Cyprus: A Study in Unresolved Conflict", 23 World Today 396, 402-4 (1967).

[2] Salih, *Cyprus: An Analysis of Cypriot Political Discord* 131 (1968).

[3] *The Times* (London) 3 July 1967, p.5, col.6.

的概要,但谈判还是以失败告终。随后,双方代表同意了一套建议,包括塞希合并,将塞浦路斯领土的一部分割让给土耳其,以及为土耳其族塞浦路斯人提供国际保障等——这很像艾奇逊先生提出的方案。但每一方都公开表示是对方提出的这些建议。[1]

1967年秋,为了缓和岛上的紧张局势,塞浦路斯政府采取了一系列措施。[2] 主要的土耳其族塞浦路斯人场地附近的许多政府防御工事和路障的看守被撤走。尤其重要的是塞浦路斯政府释放了土耳其族民族院的登克塔什主席(Denktash)。(登克塔什先生在1963年动乱开始后不久就离开了塞浦路斯,并且一旦回国,就可能面临牢狱之灾;1967年10月他秘密回国,几乎立即被捕。)但这些让步所产生的效果被始于11月中旬的新危机大大抵消了。一则报道显示,释放登克塔什先生"显然使希腊政府,特别是格里瓦斯将军感到十分得意……于是,在希腊政府的同意下,格里瓦斯将军坦率决定让土耳其族塞浦路斯人留在他们自己的地界,他派遣两支巡逻队穿过一个重要的土耳其族塞浦路斯人飞地,当巡逻队遭到零星射击时,国民警卫队发起了全面的、明显蓄意的进攻……"[3]。无论这些动机描述是否正确,巡逻事件确实在塞浦路斯引发了一场新的重大危机。就和岛上发生的所有暴力事件一样,关于这次事件是如何开始的,希腊和土耳其也是各执一词。但联合国秘书长的报告清楚指出了责任方。[4] 根据那些报告,事件的经过如下。

---

[1] 22 U.N. SCPR, 1385th meeting 36-7 (1967).
[2] U.N. Doc. No. S/8286, at 35-8 (1965).
[3] *The Times* (London) 29 Nov. 1967, p.9, col.8.
[4] U.N. Docs. No. S/8248/Add.1-3 (1967).

第五章　1967年希腊政府从塞浦路斯撤军的决策

自1963年12月以来,由2 000名希腊族塞浦路斯警察组成的多支巡逻队定期巡视该岛大部分地区。然而,在1967年7月一系列枪击事件发生后,警察主动停止在位于尼科西亚与利马索尔(Limassol)之间、靠近阿伊欧斯特耶德霍洛斯村(the village of Ayios Theodhoros)的那片区域的公路上巡逻。塞浦路斯警察和联合国维和部队之间至少有一项共识,即除非后者认可紧张局势已经充分缓和,否则前者不会恢复巡逻。1967年9月,塞浦路斯警察要求恢复巡逻,但土耳其族塞浦路斯人表示反对,他们认为在由希腊军官主导的国民警卫队撤出近期在拉纳卡建立的防御工事之前,不应重新开始巡逻。然而,维和部队司令表示这两件事没什么关联。最终他提议从11月开始逐步恢复巡逻。土耳其族塞浦路斯人继续反对,在谈判进行期间,塞浦路斯警察宣称,他们将开始巡逻,不要等土耳其族塞浦路斯人的同意。联合国维和部队司令和秘书长特使反对塞浦路斯警察的主张,认为释放登克塔什已经为永久缓和该岛的紧张局势开辟了道路。

维和部队司令同意,如果有关巡逻的谈判最终失败,维和部队将通过护送巡逻队"采取适当措施以恢复现状"。但在11月14日下午,格里瓦斯将军通知维和部队,巡逻将在25分钟后开始。格里瓦斯将军说,如果联合国不保护巡逻队,国民警卫队将保护他们,并"准备承担一切后果"。事实上,国民警卫队已经开始在该地区进行大规模军事演习。秘书长报告称,在这些情况下,联合国部队"毫无疑问"会护送巡逻队。前三次巡逻都没有发生意外,但在第四次巡逻时,巡逻队遭遇土耳其族塞浦路斯人设置的路障,并且明显是土耳其族塞浦路斯人先开了枪,随后国民警卫队用重机枪、大炮和迫击炮等重武器向对方开火。同时,国民警卫队对 2.5 英里外的一个村庄发动了另一场袭击。联合国哨所被炮弹摧毁；国民警卫队拆除了一个关键据点的联合国电台，解除了另一个关键据点的联合国士兵的武装。直到这些村庄被实际占领前，联合国为安排停火谈判所做的努力都被无视了。在联合国向塞浦路斯政府提出强烈抗议后，11 月 16 日，就停火和国民警卫队的撤离进行了谈判。但是，在此期间，土耳其外交部长发表了如下声明：

> 对阿伊欧斯特耶德霍洛斯地区发动的袭击，暴露了自 1964 年以来从未被发现的复杂因素。虽然仍有可能通过谈判，达成解决阿伊欧斯特耶德霍洛斯村问题(即塞浦路斯警察巡逻问题)的办法，但这种袭击却是对塞浦路斯政府的公然挑衅。我们要求联合国驻塞浦路斯维和部队立即阻止该冲突，并促使希腊族塞浦路斯人武装和希腊武装力量撤出土耳其族塞浦路斯人所在的阿伊欧斯特耶德霍洛斯地区和科菲努(Kophinou)地区。如果不能做到这一点，一场超越塞浦路斯岛边界的危机将不可避免。[1]

这一事件引发了紧张的国际谈判，最终导致只保留 950 人的希腊军队，其他超出的兵力全部撤出塞浦路斯。土耳其、塞浦路斯和美国政府都直接参与了这些谈判。此外，联合国，特别是联合国秘书长，在促使希腊做出最终决定的过程中发挥了关键作用。我们首先分析这三个外国政府给希腊施加的压力，主要是从

---

[1] U.N. Doc. No. S/8248, at 7 (1967).

相关法律的角度进行分析。然后分析希腊这一决策本身,尤其着重分析联合国在希腊决策过程中所发挥的作用。

1. 来自土耳其的压力

1964—1967年间,土耳其和土耳其族塞浦路斯人公开主张塞浦路斯共和国应成为一个联邦,这既不是大主教所倡导的成为一个独立的不受1960年各项条约约束的国家,也不是希腊政府所希望的成为希腊的一部分。[1] 按照土耳其族塞浦路斯人建议的方案,塞浦路斯岛将被分成两块独立的领土,每个民族将各自控制其领土内的所有政府职能,但联邦事务,如外交和银行业事务除外。但希腊人和希腊族塞浦路斯人都认为,土耳其的真正目的是瓜分塞浦路斯,该计划只是为了掩人耳目。[2]

无论如何,土耳其的领导人们一定是感受到了越来越大的压力,这些压力要求他们采取一些肯定的措施以永久解决塞浦路斯危机。而这需要耗费他们大量的时间和精力。为了救济土耳其

---

[1] 例如,土耳其族塞浦路斯领导人说,"土耳其族人认为,除了联邦之外,没有任何事……可以给他们的未来足够的保证。土耳其所提的联邦建议绝不会造成塞浦路斯的分治,而只会为两族在一个完全独立和主权国家的框架内和平共处与合作铺平道路"。U. N. Doc. No. S/6279, at 7 (1965);加洛·普拉萨先生解释道,在这种情况下,联邦的概念必须把两个社区在地理上划分为国家,通过人为地切断同族地区相互依存的部分,包括……尼科西亚和法马古斯塔(Famagusta)市,U. N. Doc. No. S/6253, at 58 (1965);参见 N. Y. Times, 16 Aug. 1964 § 4 (News of the Week in Review), p. 4, col. 1 (map)。对于可能的联邦计划的两项分析,参见 Karpat, "Solution in Cyprus: Federation", in Institute for Mediterranean Affairs, *The Cyprus Dilemma* 35 – 54 (1967); Trombetas, "The Republic of Cyprus: A Federation? The Utility of Structural Federaion", in id, 7 – 34。

[2] 参见 22 U. N. SCOR, 1383rd meeting 1 – 2, 4 – 7 (1967)。对土耳其族塞浦路斯人立场的简要说明,见加洛·普拉萨大使的报告, U. N. Doc. No. S/6253, at 26 – 7 (1965)。

族塞浦路斯人所在地区数以千计的难民,土耳其政府和红新月会需要持续提供大量的经济援助。土耳其国内的政治局势仍不稳定,但土耳其政府不能无视12万名土耳其族塞浦路斯人。

1965年10月,正义党(Justice Party)赢得土耳其国民议会多数席位。总理德米雷尔(Demirel)组建了一个全部由正义党党员组成的内阁,这是自1961年以来联合政府首次消失。但发生新的政变的危险仍然真实存在;正义党从被废黜(并被处决)的总理孟德尔斯(Menderes)的前支持者那里得到了大多数民众的支持。在德米雷尔总理执政的前两年,军队一直保持中立,不参与政治事务,并且前参谋长苏纳伊(Sunay)将军当选土耳其总统使德米雷尔的地位更稳固。但许多主要军官对塞浦路斯持续的僵局十分恼火。据报道,他们要求军事解决:如果政客们不能通过外交手段分治塞浦路斯,那就武装入侵。至少,入侵可以使一支强大的土耳其部队登陆塞浦路斯岛,以保护土耳其族塞浦路斯人。这一提议得到舆论界的广泛支持,也似乎得到了大量民众的支持。1966年1月,美国约翰逊总统于1964年6月警告土耳其不得入侵塞浦路斯的信件被曝光,加剧了这一问题的复杂化。随着时间的推移,除了来自公众,尤其是军方要求达成解决方案的压力日益增加之外,这件事情没有任何明显的进展。整个事件令土耳其政府无力去顾及其所面临的其他紧迫问题。

出于以下几方面原因,1967年秋天是土耳其施压希腊采取行动的好时机。首先,希腊军方似乎已经建立了一个强大的能够维持一段时间的政权,而且它不会像前几届希腊政府那样经常在塞浦路斯问题上屈服于舆论。而且,希腊的政变严重削弱了其与传统盟友的关系。美国和其他西方国家正在寻找希腊负责任的政治迹象。希腊朝向缓和与土耳其的紧张关系迈出一步可以印证此点。其次,希腊和塞浦路斯政府之间的分歧似乎越来越大,马卡里奥斯暗中破坏土耳其和希腊之间任何协议的可能性——正如明显发生在艾奇逊方案上的——将会最小。最后,没有直接参与这场危机的主要大国似乎一致认同 1960 年条约必须是商谈新解决方案的起点。安理会成员都认为,需要尽快修订 1960 年的各项协定,但他们也呼吁由所有当事方修订。这也是英国和美国政府的一贯观点。1965 年及其后,此观点还得到了其他安理会成员的大力支持。甚至苏联似乎也默认了这一点。在这些情况下,国际上的支持为土耳其向希腊施压创造了绝佳的时机。当然这并不是说"永远不能对 1960 年协议进行重新谈判和修改,而是说只有再次通过自由协商与一致同意达成新的国际协议时才能这样做"。

另一方面,土耳其领导人很可能认为时间已经不多了。在衡量土耳其族和希腊族塞浦路斯人的地位时,尽管作为一个整体,安理会至少似乎变得更为中立,但 1965 年联合国大会通过了一项决议,呼吁所有国家"尊重塞浦路斯共和国的主权、统一、独立和领土完整,禁止对其进行任何直接干涉……"[1]。对此决议条款的分析揭示了之前探讨过的《联合国宪章》条款适用的同样问题,即关于《联合国宪章》条款——特别是第 2 条第 1 款和第 2 条第 4 款——适用于土耳其族塞浦路斯人基于《保证条约》享有的权利行使问题。但土耳其最终对该决议提出了反对意见,并认为它的通过是一个重大挫折。而由于同样的原因,塞浦路斯将联合

---

[1] U. N. Doc. No. A/6166, at 14 (1965); 20 GAOR, 1402nd meeting 6 (1965).

国大会的行为视为一次重大胜利。[1]

更迫切、更严重的忧虑是,随着僵局持续,土耳其族塞浦路斯人的地位正在缓慢下降,土耳其正为此苦恼。土耳其政府坚持认为,1960年条约仍然有效,但从现实来看,整个塞浦路斯的政治局势与苏黎世和伦敦会议上设想的情况已经大为不同。希腊族塞浦路斯人完全控制着塞浦路斯的所有政府机构。不管是否是如土耳其所声称的土耳其族塞浦路斯人被排挤在外,还是像马卡里奥斯所争辩的那样从1963年12月危机开始他们就一直缺席,事实依然是,土耳其族塞浦路斯人确实没有参与政权运作。争论持续的时间越长,1964年组建的"临时"政府似乎越有可能变成"永久"政府。此外,塞浦路斯政府仍然禁止向土耳其运送建筑材料等许多种货物。土耳其政府通过联合国已经成功解除了一些禁运限制,但土耳其的这些行为必然会转移人们对更基本问题的注意力。

所有这些情况促使土耳其和希腊两国总理于1967年9月展开高峰会谈。[2] 两国就会谈发表了相互矛盾的报道,但双方一致认为此次会谈以彻底失败告终。塞希合并,以及对土耳其做出领土让步,显然是会谈的首要焦点,并且会谈的破裂似乎意味着至少在一段时间内这一解决方案被排除了。因此,没有马卡里奥斯的参与,达成把塞浦路斯分成两部分的解决方案的机会就比以

---

[1] 参见 20 GAOR 10 (1965)。希腊首相声称,该决议的通过意味着"与塞浦路斯共和国共同进行的斗争已经圆满结束",参见 *N. Y. Times*, 20 Dec. 1965, p. 15, col. 5。

[2] 本次会谈的报道,参见 *N. Y. Times*, 11 Sept. 1967, p. 1, col. 4.; id. 13 Sept. 1967, p. 46, col. 2 (editorial)。

往任何时候都要渺茫。与此同时,土耳其国内要求政府采取一些积极措施的压力正在增加。

这些力量本身是否导致土耳其威胁使用武力尚且存疑,但土耳其政府认为由希腊或塞浦路斯采取一些行动来迫使土耳其国内产生日益增加的压力至关重要,这似乎是可能的。大主教马卡里奥斯在10月的确采取了几项小措施以缓解岛上的紧张局势,特别是释放登克塔什。鉴于当时的情况,大主教似乎不大可能做出更多让步。另一方面,希腊政权似乎特别不稳定。

土耳其政府希望希腊能以某些清晰的行动来表明他们承认1960年条约仍旧有效。为达此目的,土耳其可以再次利用最有力的武器——根据《保证条约》第4条,以武力相威胁。土耳其代表一贯主张,单方面军事行动得到该条款的授权,并且符合《联合国宪章》。他们声称,自1964年8月以来土耳其一直没有武装干涉塞浦路斯,很大程度上是由于联合国维和部队驻扎在该岛。但他们强调维和部队不仅必须行动,而且必须有效地执行其任务。[1]

同时,众所周知,武力威胁若不落到实处,就会损害其威慑力。自1964年8月以来,已经过去三年多了(当时土耳其并没有将《保证条约》第4条用作轰炸塞浦路斯的法律基础)。在此期间,危机持续蔓延,迟迟未得到解决,这削弱了土耳其以军事威胁迫使在修订1960年条约的基础上达成各方都能接受的新解决方案的可信度。

---

[1] 参见 Letter from the Prime Minister of Turkey to the President of the Security Council, 10 Aug. 1964, in U.N. Doc. No. S/5875, at 2 (1964)。

约有1万名希腊士兵违反《联盟条约》驻扎在塞浦路斯岛,这为土耳其集中要求重新确认1960年条约的效力提供了极佳理由。《联盟条约》的主要目的是保护塞浦路斯免受外来攻击。为了进一步实现该目标,该条约要求设立一个包括950名希腊士兵和650名土耳其士兵在内的三方总部。他们陈述总部存在的理由是"为了训练塞浦路斯共和国军队"。[1] 而事实上,希腊军队控制了塞浦路斯武装部队。塞浦路斯国民警卫队开始佩戴希腊军徽,新招募的塞浦路斯士兵宣誓效忠希腊国王。[2] 所有有关1960年条约的问题中,唯独在这件事上,希腊最不可能得到国际支持。联合国秘书长的报告指出,希腊部队(以及人数少得多的土耳其部队)的存在是塞浦路斯发生摩擦的主要原因,并且特别是苏联一再敦促撤出这些军队。撤出超过条约授权的特遣队人数的外国部队不仅意味着重新确认1960年条约,而且也会直接影响塞浦路斯事务,即重申土耳其可以参与这些事务。这肯定会使塞浦路斯以后更容易受到土耳其武装攻击的威胁。同时,决定权将主要是希腊的,而不是马卡里奥斯的。与其他可能的安排相比,马卡里奥斯能够阻止的可能性极小。

上述分析并不意在说明土耳其领导层已明确决定要在1967年11月之前将希腊军队超额问题作为首要问题。他们的安排更有可能是,如果土耳其族塞浦路斯人受到攻击从而引发一场新的危机,那么该问题将是土耳其反击的重点。由于缺乏公开发表的报告作参考,我们只能像讨论另外三个决策时一样进行推测。但

---

[1]《联盟条约》第4条。
[2] U. N. Doc. No. S/7969, at 14 (1967).

该问题是如此有利于土耳其达成其更广泛的目标,以至于在9月高峰会议谈判失败之后的几周内,该问题可能已经被认真考虑了。

在所有事件中,11月国民警卫队对土耳其族飞地的袭击,是土耳其将国内所有积压的压力转化为行动的催化剂。一名现场记者总结称,格里瓦斯将军在希腊政府批准下下令攻击,"以让土耳其族人待在他们该在的地方……"〔1〕。无论这一判断是否准确,毫无疑问,联合国秘书长的报告指出,驻塞浦路斯的希腊部队都细致地谋划了此次行动。《经济学人》报道:"塞浦路斯几乎没有发生过这样一场仅从直接原因来看一方需要负全责的危机。""我们只能得出这样的结论:希腊人认为,到了不仅要表明立场,还要证明谁是老大的时候了。"〔2〕

国民警卫队的这次袭击不仅是蓄意为之,而且是对联合国驻塞浦路斯维和部队的直接蔑视。它显然是违反联合国安理会的"不采取任何可能恶化塞浦路斯局势或危及国际和平的行动或行动威胁"之禁令的最清晰例证。按照之前的分析,根据《联合国宪章》第4条,土耳其仅为保护土耳其族塞浦路斯人以及恢复1960年条约所规定的"情势"而有限度地使用武力,是与安理会先前的权威以及维护世界和平的目的相一致的。11月15日的情势看来是一个典型的例子。

15日晚,当战斗仍在继续时,土耳其外交部长呼吁联合国维和部队促使"立即停火"。〔3〕 彻夜会议之后,16日上午,土耳其

---

〔1〕 *The Times* (London), 29 Nov. 1967, p. 9, col. 8.
〔2〕 *The Economist*, 2 Dec. 1967, p. 943, cols. 1‐2.
〔3〕 U. N. Doc. No. S/8248, at 7 (1967).

内阁警告称,如果枪击继续,土耳其将进行军事干预。[1] 当天,塞浦路斯警方再次派出巡逻队在主干道巡逻,因而17日土耳其议会授权土耳其政府"向国外派兵"。[2]

17日晚,联合国维和部队已成功让双方停火,国民警卫队已撤出被包围区(尽管第二天又发生零星战斗)。但土耳其政府已经决定坚持除了实现停火,还要获得更多。在给希腊政府的正式照会中,[3]土耳其要求:

(1)将违反《同盟条约》的希腊士兵撤出塞浦路斯;

(2)罢免格里瓦斯将军;

(3)解散整个国民警卫队;

(4)撤离交战地区;

(5)授权土耳其族塞浦路斯人在其飞地内组建自己的地方政府和警察部队;

(6)向土耳其族塞浦路斯人赔偿攻击造成的损失;

(7)扩充联合国维和部队,以防止再次发生袭击事件。

这些要求是向希腊政府而不是马卡里奥斯提出的,从这一点来看,显然土耳其首先坚决要求希腊采取行动。正如《泰晤士报》(伦敦)的报道,"随着暴力事件的迅速增加,土耳其政府中越来越强烈的民族主义情绪决定了他们现在有一个天赐的机会来一劳永逸地解决塞浦路斯问题,全力反对弱小且在国际上不受欢迎的希腊政权"。[4] 其中有几项要求只有塞浦路斯政府才能满

---

[1] *N. Y. Times*, 17 Nov. 1967, p.6, col.1.
[2] Id., 18 Nov. 1967, p.3, col.3.
[3] Adams and Cottrell, *Cyprus Between East and West* 71 (1968).
[4] *The Times* (London), 29 Nov. 1967, p.9, col.8.

足,如解散国民警卫队、让土耳其族塞浦路斯人在飞地实行自治。其他几项要求至少需要马卡里奥斯的合作,如撤军、赔偿以及(最重要的是)扩充联合国部队。这些都是此后7天的国际谈判的重要议题,但关键的问题是希腊撤军。正如土耳其驻联合国代表所说:

> ……土耳其政府坚信,非法驻扎的希腊军队的存在,是威胁岛上和平、对土耳其族塞浦路斯人生命安全造成最大威胁的唯一因素,也是联合国驻塞浦路斯维和部队在塞浦路斯有效运作最直接的障碍。希腊驻塞浦路斯军队是偷偷运入该岛的,且与该岛希腊族塞浦路斯行政当局私下勾结。[1]

在其他要求中,最重要的无疑是扩充联合国维和部队并且强化其职能。但是,安理会的辩论清楚地表明,这些需要塞浦路斯政府批准,而马卡里奥斯经常表示他不会批准此类措施,除非将这些要求作为一项更广泛的解决方案的一部分。

希腊政府欣然同意召回格里瓦斯将军,据称暂时召回他是为了"全面了解局势"。[2] 一段时间以来,他显然是一个令人为难的人,希腊领导人和马卡里奥斯控制他行为的能力令人可疑。然而,希腊撤军是一项更重要的举措。一方面,它将预示放弃塞希合并的重要一步。驻扎在塞浦路斯岛上的几千名希腊士兵,以及

---

[1] 22 U. N. SCOR, 1383rd meeting 4 (1967).
[2] 同上注,第27页。有趣的是,安理会辩论的正式文件中没有提到上述召回格里瓦斯将军的理由。参见 22 U. N. SCOR, 1383rd meeting 4 (1967)。

为融合希腊士兵和希腊族塞浦路斯士兵而采取的各种具有实际和象征意义的举措,是希腊和塞浦路斯之间最切实的联系。如果超出核准数额的希腊军队撤离该岛,那塞浦路斯就更有可能维持独立。另一方面,撤军也意味着《联盟条约》仍然有效,因此也意味着1960年条约将是协商新的解决方案的起点。

2. 来自希腊族塞浦路斯人的压力

我们已经看到,马卡里奥斯对希腊政府越来越不抱幻想,也许对"塞希合并"的前景也越来越不抱有希望。除了有助于维持独立的经济考虑,军事独裁统治的可能性其实并没有什么吸引力。同时,任何可能看起来支持1960年条约的行动,都会破坏马卡里奥斯摆脱那些条约的运动(campaign)。

关于《联盟条约》,问题尤其难解,因为塞浦路斯政府已经正式宣布,由于土耳其涉嫌违反《联盟条约》的规定,该条约已被终止。[1] 缘由是1963年12月战斗爆发后,土耳其特遣队立即离开军营,转而占据了尼科西亚-基里尼亚公路(Nicosia-Kyrenia road)的若干阵地。据一名土耳其代表称,这一举动是由于土耳其特遣队"认为继续驻扎在位于被希腊族塞浦路斯恐怖分子控制区的军营,对其自身安全非常危险,因此其被迫转移到尼科西亚地区的一片更安全区域里的新驻防地"。[2] 一名观察员声称,土耳其采取这一行动的真正原因是要保护通往几个土耳其族塞浦路斯人住地的道路。[3]

《联盟条约》没有规定土耳其和希腊特遣队的驻扎地点。然

---

[1] 19 U. N. SCOR, 1136th meeting 38 (1964).
[2] 同上注,第9页。
[3] Foley, *Legacy of Strife* 170 (1964).

而，在条约签署时，"为了适用《联盟条约》"，还缔结了一项补充协定。该协定规定"希腊军队和土耳其军队应在彼此尽可能临近的同一地区驻扎，并且在半径五英里以内……"[1]，塞浦路斯政府似乎对驻扎在尼科西亚的土耳其特遣队符合这些条件没有疑问。

但是，塞浦路斯政府声称，土耳其军队在其驻地外的部署占领了主权国家塞浦路斯的领土，这违反了《联盟条约》。在联合国维和部队在岛上驻扎两天后，大主教马卡里奥斯写信给土耳其外交部长，要求其军队返回原驻扎地。当土耳其拒绝该要求时，大主教宣布，由于土耳其严重违反了《联盟条约》，因此塞浦路斯共和国仔细考虑后，决定终止该条约。[2]

根据《联盟条约》设立的外交部长委员会（Committee of Foreign Ministers）于1961年做出了一项决定，要求"除非部长委员会另有决定，否则希腊和土耳其特遣队目前的营地就应被认为是其永久营地"[3]，塞浦路斯人起初似乎是根据该项决定而提出指控的。基于这项决定，塞浦路斯政府主张，"土耳其特遣队（离开其永久营地）持续驻扎在别地……构成对塞浦路斯共和国领土完整的侵犯"，因此塞浦路斯放弃该条约具有正当性。[4]然而，这一主张显然是脆弱的，因为委员会的决定并不是《联盟条

---

[1] Agreement Between the Kingdom of Greece, the Republic of Turkey and the Republic of Cyprus for the Application of the Treaty of Alliance, 16 Aug. 1960, Art. XV.

[2] 参见 U. N. Doc. No. S/5647, (1964); U. N. Doc. No. S/5636, (1964)。关于土耳其的回应，参见 U. N. Doc. No. S/5663, (1964)。

[3] Decision of the Committee of Ministers of the Treaty of Alliance, 28 June 1961, 引自 19 U. N. SCOR, 1136th meeting 38 (1964)。

[4] Id. at 38 – 9.

约》的一部分,而且从 1961 年到 1964 年,形势已经发生了显著的变化。

后来,塞浦路斯法律顾问把争论的焦点放在了条约的基本目的上——"为塞浦路斯共和国军队提供训练"。他们声称,只有在保护本国免受外部攻击时才需要塞浦路斯军队。因此,只有发生外来攻击,并且在三方总部的命令下,在塞浦路斯岛上训练军队的希腊和土耳其军队才有权离开他们的永久驻地。

土耳其本可以辩称,当有必要恢复 1963 年圣诞节后的"事态状况"时,《联盟条约》的缔约国才能够单方面调动三个保证国派驻的任何一支军队。但是,土耳其代表并没有反驳塞浦路斯人的这些主张,只是断然拒绝废止该条约。

大体上除了苏联和捷克提到外国军队根据"不平等"条约的存在侵犯了塞浦路斯主权外,没有其他国家公开支持塞浦路斯的观点。但是,塞浦路斯政府一直坚持其立场——《联盟条约》已被终止。

因此,塞浦路斯政府必然会反对希腊撤军。希腊撤军是基于《联盟条约》的规定,而这正是土耳其提出其要求的法律基础。如果塞浦路斯能够实现撤走所有希腊和土耳其部队——不只是撤出那些超过条约规定人数的希腊特遣队——那么这个问题将显得不重要,但显然一开始土耳其就不会同意这种安排。另一方面,撤军除了具有法定理由外,希腊军队可能撤离塞浦路斯岛对塞浦路斯政府也有好处。假定大主教认为,塞希合并要么是不可行的,要么是不可取的,或者两者兼有,那么希腊撤军后,塞浦路斯政府就不用再对希腊族塞浦路斯人的行动自由实施重大限制了。此外,大主教显然非常担心,即使在希腊和土耳其首脑会谈

第五章　1967年希腊政府从塞浦路斯撤军的决策

失败后,希腊仍可能会屈从于土耳其要求分治的压力。同20世纪50年代一样,所有支持塞希合并或者希腊族塞浦路斯人有权选择塞希联盟的观点,反过来也可以用来支持塞浦路斯在领土上对土耳其做出让步,或者支持土耳其族塞浦路斯人也有选择命运的权利。

在此基础上,似乎可以合理推测大主教没有向希腊领导人施压以将他们的军队留在塞浦路斯。他甚至可能会催促希腊撤军,尽管他不能公开表示支持撤军。大主教也有可能想把撤军与土耳其承诺未来不进行军事干涉,以及全面放弃土耳其主张的《保证条约》第4条项下的权利联系起来。希腊驻军对塞浦路斯政府的主要好处是他们可以帮助阻止或抵御土耳其入侵。如果这一危险被消除了,那么撤军将会给塞浦路斯政府带来巨大利益。尽管还存在土耳其入侵的危险,但只要能够建立某种避免出现要接受土耳其最后通牒的情况的机制,大主教就可能不会反对撤军。那么,问题就是要如何设计这种机制。

3. 来自美国和其他北约国家的压力

美国及其北约盟国在1967年事件中的利益与他们在塞浦路斯危机里此前各种问题中的利益相差无几:从短期看要恢复塞浦路斯和平,从长期看要提出新的解决方案,最重要的是避免土耳其和希腊之间发生战争。但1964年美国的调停努力不仅削弱了美国在土耳其的影响力,还损害了美国在希腊的声望。美国已经干预了这场危机,尽管这种干预可能使塞浦路斯免受入侵,但希腊希望美国对塞浦路斯的"自决"表示明确的支持。然而,美国拒绝遵从。1964年,希腊总理指责美国亲土耳其,雅典街头举行了反美示威,希腊新闻界大肆鞭笞约翰逊总统在这场纠纷中的所作所为。[1]

由于希腊发生了军事政变,这些问题被部分缓解了。这是20年来希腊新闻界首次完全受控于一个压制对其行为的任何批评的政府。更重要的是,希腊的军事力量高度依赖美国援助。政变发生后,美国立刻大幅削减军事援助,在11月冲突爆发的时候,援助仍然没有完全恢复。

11月22日,美国选择联合英国和加拿大一起提出一项解决方案。加拿大总理皮尔逊(Pearson)被选作建议提出者。实质上,该方案提出:

(1) 将希腊和土耳其的军事力量削减到《联盟条约》规定的水平;

(2) 扩充联合国维和部队;

(3) 补偿在袭击中受损的土耳其族塞浦路斯人,并保障土耳其族塞浦路斯人居住区的未来安全;

(4) 土耳其保证今后不实施军事干预。[2]

这个一揽子方案对塞浦路斯、希腊和土耳其来说既包含某些让步,也有某些获益。但三国政府对此方案的反应甚是不同,还需要实质性的谈判努力。[3] 然而,局势如此不稳定,以至于不可能将这三个国家的代表齐聚在同一张桌前(事实上,过去四年里

---

[1] *N. Y. Times*, 1 Mar. 1964, p. 1, col. 1, p. 3, col. 1; id., 4 Mar. 1964, p. 10, cols. 4, 7; id., 27 Feb. 1964, p. 10, cols. 3, 4.

[2] *The Times* (London), 24 Nov. 1967, p. 5, col. 6.

[3] *N. Y. Times*, 23 Nov. p. 1, col. 6.; id., 24 Nov. 1967, p. 1, col. 8.

都没有发生过这种事)。土耳其重申其撤出超过被授权人数的所有希腊军队的要求,在希腊撤军之前拒绝与希腊讨论塞浦路斯局势,而且威胁称除非土耳其的要求得到满足,否则几天内其军队就要入侵塞浦路斯,在塞浦路斯建立与希腊军队同等的军事力量。希腊领导人愿意与土耳其代表就危机进行磋商,但拒绝接受土耳其"不撤军就不讨论"的立场,而坚持"不讨论就不撤军"。特别是,必须找到某种避免让希腊看起来因屈从于土耳其威胁而受辱的方法。在这些情况下,第三方调解工作就必不可少了。

11月22日,也就是皮尔逊先生失败的呼吁提出的当天,约翰逊总统任命前国防部副部长塞勒斯·万斯(Cyrus Vance)为特使,帮助调停这一争端。也就在同一天,联合国秘书长任命主管特别政治事务的副秘书长何塞·罗兹-班尼特(Jose Rolz-Bennett)为其解决危机的特别代表。两天后,希腊和土耳其接受了第三位调解员,北约秘书长曼利奥·布罗西奥(Manlio Brosio)。万斯先生集中调停希腊和土耳其两方,而罗兹-班尼特先生聚焦于尼科西亚事件,布罗西奥先生则为争取促成这两个北约国家达成协议提供了进一步的支持。

万斯先生以处于战争边缘的两国间的调停者这一经典身份出场,首先他争取到了斡旋时间。在获得土耳其至少会推迟几天入侵的承诺后,他轮番与希腊和土耳其代表商谈。美国的官方立场是他只是一个中间人,并不会以制裁某一方相威胁。[1]但有一些报道称,美国可能会沿用1965年印巴战争期间的做法,切断

---

[1] *N.Y. Times*, 23 Nov. 1967, p. 13, col. 1.

对双方的军事援助。[1] 即使万斯先生没有直接讨论未来对希腊和土耳其的军事援助,两国领导人也必然非常顾及此问题,因为这两个国家的武装力量全靠美国的援助来维持。美国尤其处于可影响希腊政策的有利地位。虽然因4月的政变,美希关系已变得十分紧张,但他们之间的关系可能因希腊的政治智囊团做出某项具有重要意义的行为而得到改善。更现实点说,除非美国介入,否则希腊与土耳其几乎没有可能发生战争。

万斯先生与布罗西奥先生、罗兹-班尼特先生协作进行调停。例如,11月26日这一天,他们就是一个在安卡拉,一个在雅典,一个在尼科西亚。[2] 万斯先生充当了首席调解员的角色,希腊和土耳其之间慢慢形成了一项计划。据24日的报道,这项计划的关键是,如果能建立某种程序机制,以避免让希腊看起来完全屈服于土耳其,那么希腊政府同意撤出多出的军队。然而,主要的实质性问题仍然存在,并且土耳其新闻界和公共舆论正在要求开战。至于撤军本身,希腊政权明显想要一份长期的撤军计划表,但土耳其坚持快速撤军。此外,大主教要求撤出所有的希腊和土耳其军队,这样就会避免出现回到1960年条约的情况。至于土耳其的其他要求,对土耳其族塞浦路斯人的安全安排是最重要的。显然,万斯先生和其他调停人使用的技巧是迫使希腊和土耳其达成某种协议,然后置大主教于如下境地:要么选择接受该协议,要么就成为这场随时有爆发战争的危险的持续性危机的唯一

---

[1] *N. Y. Times*, 24 Nov. 1967, p. 18, col. 5.
[2] *N. Y. Times*, 27 Nov. 1967, p. 3, col. 2.

因素。11月30日,希腊和土耳其最终达成协议。[1]

4. 决策

希腊政府承受的达成撤军协议的军事和外交压力已经足够清楚。首先,并且最重要的是,受占优势的军事力量支持的土耳其入侵的威胁迫在眉睫。此外,美国可能已经表明其不会军事干预以阻止土耳其入侵塞浦路斯。其次,希腊政权在国际社会中处于令人不安的孤立境地,渴望采取一些措施以助其摆脱困境。再次,此次危机是由一名希腊将军领导的希腊族塞浦路斯人有预谋的攻击引发的,攻击违反了联合国安理会决议以及与联合国维和部队司令达成的协议。这些压力和希腊军队过多地驻扎在岛上违反了《联盟条约》这一事实结合在一起。至少在联合国安理会,存在的一个共识就是所有当事方重新谈判是修正1960年条约所规定条件的恰当方法。最后,在国内,希腊政府对新闻界的控制应尽量避免激起民愤。

希腊-土耳其之间的协议规定在45~90天内撤出所有超出授权数量的武装部队,解散希腊族国民警卫队,裁减塞浦路斯警察部队,并扩充联合国维和部队。然而,该协议仍必须以希腊可以接受的能够保全面子的方式公之于众,否则希腊就不接受此方案。因此必须建立某种机制,以使希腊的决定成为一个具有国际政治智慧的行为,而不是国家的绥靖政策。这对于使协议对希腊领导人和大主教马卡里奥斯都能接受是至关重要的。在这次任务中,联合国秘书长发挥了关键作用。

11月24日,希腊和土耳其约定,他们之间的所有协议都会采

---

[1] *N. Y. Times*, 1 Dec. 1967, p.1, col. 2.

取联合国秘书长呼吁的形式达成,且该形式应为希、土和塞浦路斯所接受。两天前,吴丹(Mr. Thant)先生开始呼吁各方全力保持克制,并宣布任命他的个人代表,从而为执行这一程序做好了准备。[1]

一些报道已经指出,万斯先生拟定此方案是"为了给弱者一个台阶下……"[2],另一方面,吴丹先生表示他的行动是独立于美国调解员的。[3] 无论如何,11月24日秘书长先生第二次发出呼吁。[4] 该项呼吁敦促三国政府"制定一项分阶段削减驻军的方案,以期最终完全撤出所有非塞浦路斯武装力量"。如此措辞表明该项呼吁对希腊族塞浦路斯人撤军应包括获得授权的特遣队在内的立场做出了让步。与此同时,该项呼吁还强调,撤军应"阶段化"进行,并且撤军应作为一个"塞浦路斯积极非军事化"的长期计划的一部分。这些修饰语为保留希腊和土耳其部队留下了足够的空间。

秘书长的第二次呼吁还要求所有各方行动要遵守《联合国宪章》义务,因此要"不再使用武力或是威胁使用武力……并避免对塞浦路斯进行任何军事干预"。当然,这一要求是直指土耳其的,同时也是为了获得塞浦路斯政府的支持。24日晚安理会开了大半夜的会,听取了希腊、土耳其和塞浦路斯之间激烈的意见交锋,最后各方"心满意足地"接受了由秘书长辛苦沟通才达成的"共识"。[5]

---

[1] U. N. Doc. No. S/8248/Add. 3 (1967).
[2] *The Economist*, 15 Dec. 1967, p. 1031, col. 1.
[3] *N. Y. Times*, 5 Dec. 1967, p. 2, col. 4.
[4] U. N. Doc. No. S/8248/Add. 5 (1967).
[5] 22 U. N. SCOR, 1383rd meeting 14 (1967).

第五章　1967年希腊政府从塞浦路斯撤军的决策

当11月30日,希腊和土耳其最终达成协议时,在一段时间里,危机似乎已经结束——联合国秘书长将提出新的呼吁,其中载有协议的各项条款,而有关各方将接受它。但是,正如我们所料,大主教坚决反对裁减塞浦路斯安全部队或者增扩联合国维和部队,除非这是联合国为保障塞浦路斯安全和独立而制定的更全面计划中的一部分。在接下来的几天里,土耳其领导人对拖延越来越不耐烦。最后,在又一轮紧张的谈判之后——再次由万斯先生担任主要调解人——联合国秘书长第三次呼吁。[1] 在此期间,尽管大主教没有接受,但希腊和土耳其显然决定公开其协议。也许他们认为这样做将增加国际社会对塞浦路斯政府施加的压力,也可能是土耳其要求该协议能获得一定的公开承认。无论怎样,联合国秘书长写道:"我在此特别呼吁希腊和土耳其政府……迅速而有效地撤出超过各自特遣队人数限制的驻塞浦路斯军队。"他补充道:"人们可能考虑期望联合国驻塞浦路斯维和部队进一步发挥作用,我认为,在服从必要的安理会行为准则的前提下,可以扩大对联合国部队的授权,以赋予其更多职能……当然,如果各方当事人提出要求,我将对这些事项进行斡旋。"

对联合国秘书长上一次的呼吁,希腊政府已要求本国媒体对此着重宣扬,让希腊民众对撤军有所准备;这次也是一样。希腊政府在秘书长第三次呼吁的当天做出了回应。希腊政府的答复是一封简短的信,上面写道"我们接受并准备迅速响应"秘书长的呼吁。12月3日,土耳其政府也接受了这项呼吁。土耳其的答复稍微长

---

[1] U. N. Doc. No. S/8248/Add. 6 (1967). 这一文件也包括塞浦路斯政府、希腊政府和土耳其政府的回应。

一些,并特别重申了土耳其根据1960年条约享有的权利。塞浦路斯政府延后一天做出答复,大概是在所有各方进一步的压力下,同意撤离超员的希腊和土耳其军队,将其作为"走向将除联合国维和部队以外的所有非塞浦路斯武装部队最终、完全撤离塞浦路斯共和国"的一步。但是,塞浦路斯的上述外交文书指出,在防止外部攻击的国际保障下,需要考虑采取进一步的措施,其中包括扩大联合国维和部队的职能。塞浦路斯外交部长在随后的发言中明确指出,对国内安全安排的任何改变都必须作为全面非军事化框架内更广泛解决方案的一部分。[1] 最后,塞浦路斯驻联合国代表强调,"我们现在不会同意希腊和土耳其就塞浦路斯问题进行任何双边行动"。[2]

12月8日,第一批希腊军队悄无声息、平安无事地坐船撤回雅典。土耳其也解散了入侵军队。12月20日和22日安理会再次举行会议,但只就再次延长联合国维和部队现有任务期限达成一致。[3]

希腊军队从塞浦路斯撤出可能使希腊避免了一场军事灾难。这可能也反映了希腊政权做出了从塞浦路斯事务中脱身的重大决定。一些证据表明,土耳其政府可能也有类似的倾向。毫无疑问,双方都担心被塞浦路斯岛上各自的民族摆布。他们可能一致认为,只有岛上的希腊族和土耳其族人才能解决塞浦路斯的事务。

---

[1] *N. Y. Times*, 5 Dec. 1967, p. 2, col. 6.
[2] 21 U. N. SCPR, 1385th meeting 22 (1967).
[3] 参见 21 U. N. SCOR, 1386th meeting 1–2, 4 (1967)。苏联和法国对《联合国宪章》关于维持和平行动的限制所持的立场显然在整个危机期间对扩大该部队任务的努力产生了重大影响。

第六章　若干总结评论

　　本研究首先声明不是用定量分析法去研究法律对前述四项国家决策的影响。我们在考查每一项决策时都尽量梳理法律参与其中的方式,或者在缺乏文献记录的情况下推测法律可能参与的方式。通过分析,我们可以看到法律是"如何"与这些决策联系起来的,即便它们联系的程度仍是个谜。

　　值得再次强调的是,本书不能完全反映塞浦路斯20世纪五六十年代的历史。这四项决策都对那段历史十分重要,但它们并不是唯一重要的决策。比如说,各国对联合国调解员加洛·普拉萨先生1965年的报告所做的各种反应,本书只是简要提及,虽然该报告是整个塞浦路斯危机中的一个关键要素。此外,相较于更均衡地分析各项因素,我们更少关注各项决策中的非法律因素。例如,大主教马卡里奥斯的性格和背景,对分析希腊族塞浦路斯人1963年的决策显然具有重要意义;其他国家领导人的性格和背景可能对分析英国、希腊和土耳其的决策同样重要。还有,在每一决策过程的许多重要关头,国际政治都是影响塞浦路斯和其他争议方的一个主要因素。例如,在1967年,土耳其发出的最后通牒和希腊对此所做的回应都可以部分归因于希腊军事政权在国际上不受欢迎。

如果忽略法律方面的考量，也很难说某个决策是否会有所不同。每一项决策都揭示了法律对国家在国际事务决策中不同方面的重要作用。

20世纪50年代中期，英国的对塞政策目标是基于国际法上的两项原则构想并阐明的：主权的永恒性和条约的神圣性。这两项原则是英国与他国交流政策以及使执行这些政策的结果合法化的工具。但是在1958年的决策中，法律的作用不仅仅是为之辩护。在英国制定政策的过程中，上述两项原则似乎具有自己的生命。它们阻碍寻求一个长期的、兼容当事各方利益的解决方案。不考虑演讲中惯用的修辞，一再强调这两项原则似乎取代了思考和谈判。然而，英国对法律立场的操控最终削弱了该立场本来的优势。从1950年到1956年，希腊在联合国大会上的主要法律论点是以自决原则为基础的，希腊和塞浦路斯领导人的想法是塞浦路斯只能走向塞希合并。英国的第一反应是防守，主要依据《联合国宪章》第2条第7款。[1] 但接下来，英国官方选择进攻，并提出分治塞浦路斯的政策，试图把自决的论点转向对付希腊。英国成功地使土耳其成为应对希腊的塞希合并压力的抗衡力量，而英国自己成为调停的中间人。但塞浦路斯的局势本来就不稳定，因为对绝大多数塞浦路斯人而言，分治并不是一个令人满意的解决方案。然而，正是由于英国提出了分治政策，才使人们怀疑英国是否有必要继续统治塞浦路斯。英国以自己对塞浦路斯的主权为代价，成功反驳了希腊的法律主张。

---

[1]《联合国宪章》第2条第7款规定，本宪章不得认为授权联合国干涉在本质上属于任何国家国内管辖之事件，且并不要求会员国将该项事件依本宪章提请解决；但此项原则不妨碍第7章内执行办法之适用。——译者注

第六章 若干总结评论

在大主教马卡里奥斯提议修改塞浦路斯宪法的决策中,有一系列备选方案来补救塞浦路斯国内法律架构的崩溃。大主教选择了一个既能解决眼前问题,又能将遭到国际反对的风险降到最低的方案。在1960年签署的所有条约中,修改宪法最不容易受到抨击,因为各方达成的协议至关重要。呼吁重新谈判而非直接宣布废除宪法的做法能减少对单方修改宪法的指责。大主教声称塞浦路斯宪法失灵,希腊虽然对此深表同情,但还是很可能主张修改而不是废除,没准还会把这个问题提交给联合国。不能指望联合国强制修订塞浦路斯宪法,但至少从长远来看,联合国可能会支持重新谈判。基于塞浦路斯政府在安理会的论点,塞浦路斯代表认为,他们的决策实质上涉及法律问题。

1964年8月,塞浦路斯土耳其族人村庄遭袭,由于土耳其政府之前对《保证条约》第4条的依赖,土耳其在回应此袭击事件时采取武力解决危机的能力受到限制。根据第4条,采取单方行动需要事先同其他保证国协商,并且目的仅限于"恢复本条约所确立的情势"。关于《保证条约》各项规定的含义以及它们是否符合《联合国宪章》所规定的义务,尚有讨论空间。但正是这些条约条款中的问题框架,为仔细考虑这场争论提供了法律架构。另外,土耳其的任何武装干预都将作为土耳其或其他国家在除塞浦路斯危机外的事务中采取武装行动的先例,但《保证条约》降低了这种风险。产生《保证条约》的条件可能在其他地方出现,但这样的条约不太可能出现。最后,土耳其代表选择以固有的自卫权来支持使用武力的决策。至少在土耳其看来,自卫权比《保证条约》第4条具有更大的灵活性。但自卫权也至少在一定程度上限制了土耳其的军事行动。

在1964年8月的塞浦路斯局势中,国际法制度所施加的压力没能阻止土耳其单方使用武力,在此意义上这些压力失败了。然而,这些压力在限制早前的将使用武力的威胁付诸行动方面又发挥了重大作用。此外,《保证条约》授权保证国在某些情况下进行单方面武装干预,在塞浦路斯危机的头几个月里,可能正是这种力量帮助阻止大主教马卡里奥斯镇压所有土耳其族塞浦路斯人。但是,到1964年8月,威胁使用武力的可信度显然已经耗尽。

最后,从法律角度分析1967年希腊政府的决策或许是最困难的。在某种意义上,整个事件可以描述为:一个国家威胁使用武力,被威胁的国家为了避免战争和几乎已经注定的失败而投降。土耳其的要求并没有全部得到实现,但希腊的确同意了关键的一个。

然而,从另一个意义上说,希腊撤军的意义远不止于此。就本书特别关注的法律的作用而言,土耳其把撤军界定为执行1960年条约的问题。土耳其政府希望希腊采取一些措施来确认条约持续有效。在此意义上,法律是促使希腊做出撤军决策的因素。此外,希腊能达成避免战争的解决方案,很大程度上要归功于三位调解员的努力,当然,最重要的是联合国秘书长的中心作用。在整个塞浦路斯争端中,联合国比其他任何时候都更是一个中立的和平缔造者,各方都可以在不损害国家声誉的情况下对其做出回应。不管是法律规范还是法律制度,都不能阻止土耳其比希腊更强大,也无法阻止其使用自己的力量。然而,法律确实为阻止更强大的国家不断地提高要求提供了方法,并为允许更弱小的国家拥有一定的自尊来解救自己提供了途径。法律为其提供了一种可接受的失败方式。法律不能阻止战争威胁,但确实在阻止战争爆发中发挥了作用。

因此,把这四项决策看作一个整体,可以在以下几个十分不同的方面看出法律的重要性。第一,法律是制定每一项决策的考虑因素。例如,1958 年英国决定放弃对塞浦路斯岛享有的主权,是一项放弃了根据国际法确立的权利的决策。该决策有其他方面的考虑:英国的战略利益不再需要完全控制塞浦路斯岛;继续控制塞浦路斯岛将得不偿失。但是,继续维持英国统治的法律上的力量是英国制定政策的一个关键因素。

第二,法律另一方面的作用是约束。例如,在 1963 年,马卡里奥斯政府显然想废除整套《苏黎世-伦敦协定》。但马卡里奥斯却代之以只选择建议修改其中之一——塞浦路斯宪法。修宪避免了针对单方面废除条约的法律诉讼。就《苏黎世-伦敦协定》的所有协议,宪法似乎是最令人信服的塞浦路斯人关心的事项。因此,在 1963 年的决策中,国内法律考虑是做出决策的动力,而国际法的限制构成了决策的结果。

第三,法律在确定决策事项方面的功能不仅仅是约束,还包括引导权力的授予和行使。根据《保证条约》第 4 条提起的法律案件对确定土耳其单方面武装干预的正当性条件至关重要。第 4 条规定的此类武装干预需满足的一系列先决条件限制了土耳其。但至少在土耳其看来更重要的是,如果采取武装干预对恢复 1960 年条约所确立的情势是必要的,那么保证国的军事行动就是得到了该规定的授权的。作为保证国之一,土耳其承担着维持 1960 年条约事态的单方及集体责任。因此法律引导了 1964 年的决策过程,而且对其他决策也有类似的影响。

第四,在每一项决策中,法律为决策者提供了一种辩论的工具。尤其是在联合国,所有相关国家的代表普遍诉诸法律原则以争取其他国家的支持。对20世纪50年代的英国和60年代的土耳其来说,诉诸法律原则的目的在于维持条约义务;对于其他缔约国而言,诉诸法律原则的目的则在于否定条约义务。诉诸法律原则有多重要?至少,各缔约国显然认为它们意义重大。除英国外,没有一个当事方是主要强国。希腊和土耳其都依赖美国提供的军事援助,希腊族塞浦路斯人使用苏联和东欧的武器。除了这个因素,希腊、土耳其和塞浦路斯还都易受国际集体压力的影响,特别是通过联合国施加的压力。每一方都在先于联合国安理会和联大的辩论中阐明了其立场的法律基础。从法律的角度来界定问题,意味着在各国的考虑中要受到一系列程序性和实体性限制。认识到这些限制,进而意味着法律的作用超越了为已经决定的行为进行辩护准备,它是这些决策本身的核心要素。例如,维持1960年条约的效力是土耳其在1967年危机期间制定政策的一个关键目标,也是土耳其政府对希腊施加很大压力的基础。土耳其一再以法律条文阐述其目标,并通过实质的法律分析为之辩护。

第五,国际组织作为法律的创造者,同时也受法律的约束,也在每一项决策中发挥了重要作用。联合国显然是最重要的国际组织。在塞浦路斯危机的整个过程中,体现法律考量(legal considerations)最明显的例子就是20世纪五六十年代持续的联合国辩论,20世纪50年代主要集中于联大辩论,60年代则集中在安理会辩论。仅1964年一年,安理会就塞浦路斯问题单独召开了27次会议,到1965年底,安理会共通过了关于这场危机的10

第六章　若干总结评论

项决议。安理会的辩论表明对立的当事方很少在那些外交场合上表露情绪。几乎每次会议都始于程序上的争论,有时甚至需要数个小时才能解决。这些争论必定使旁听者和读者烦不胜烦。但同时,它们可能是实质行动的必要前奏。人们阅读这些辩论材料时,会有这样一种感觉:各国之间的猜忌和仇怨是如此之深,以至于如果最开始没有一段冷静期(在该期间,通过讨论看似不重要的事来控制情绪),任何实质性问题都不可能得到解决。在这些情况下,必须建立某种机制来使讨论继续,逐渐形成可能达成妥协的气氛。这种机制基本上是与安理会的工作方法冲突的,但是效果非常好。法律通过先例提供可预测性,常使人们将某个事件视为某种范例的一部分,而不是独一无二的;并且相应增强他们接受事件结果的意愿。在实体问题上,这种现象在国际事务中不如在国内事务中普遍。但在整个程序背景范围内,特别是在联合国,这一功能是至关重要的。

　　当然,联合国参与决策的方式远不止作为一个论坛。在作为论坛的联合国,每一个国家都可以公开表达对其他国家的不满,同时可以就某种协议,至少是临时的、部分的协议,进行谈判。最重要的是,联合国提高并集中了单方使用武力的代价。在塞浦路斯问题上,时间并不能抚平一切,但是,通过制止暴力的再次发生以及花时间降低爆发新的冲突的危险,联合国也许已经避免了可能会更加严重地危及世界和平的决策。自1964年以来,暴力事件偶尔发生,但联合国维和部队将其控制到最少。驻塞浦路斯维和部队的成立标志着联合国安理会五个常任理事国首次一致投票支持成立维和部队。美国和苏联都对塞浦路斯危机深感担忧,并一致认为相比其他可能的选择,维持塞浦路斯岛的和平将对他们更为有利。因此,这场危机是对联合国维和机制有效性的一个考验。迄今为止,结果是好坏参半,但总的来说,联合国的维和机制是成功的。

从整体上看,塞浦路斯危机体现了在联合国支持下可采用的范围广泛的和平解决争端机制(mechanisms for peaceful settlement)。一旦安理会着手处理这一争端,就会呈现出多样化的国际新态势;一系列阻止新暴力发生的潜在约束机制开始发挥作用。虽然本书只简要地提到联合国大会的辩论,但大会辩论也有重大影响,尤其是在比较塞浦路斯和土耳其的立场方面。此外,此次危机中,加洛·普拉萨先生根据安理会1964年3月4日的决议进行了紧张的调解。他的努力虽然没有成功解决塞浦路斯希土两族之间或者其他有关各国之间的分歧,但他缩小并集中了这些分歧。最后,联合国秘书长的斡旋多次发挥了作用,特别是在1967年事件中,秘书长的斡旋避免了即将爆发的战争。塞浦路斯、希腊和土耳其政府都能够以原本不可能的方式响应秘书长的呼吁。当然,联合国通过影响各国决策以防止冲突恶化的努力得到联合国之外的其他安排的补充。保证国之间、希腊和土耳其之间以及塞浦路斯希土两族代表之间都进行过多次谈判。美国还建立了第三方调解程序。但是,在整个20世纪50年代,尤其是60年代,占据主导地位、持续地和平解决危机的努力是在联合国体系内进行的。

另外两个没有联合国重要,但更专业化的国际组织——北约和欧洲人权委员会——对这几个国家决策的制定也发挥了重要作用。20世纪五六十年代,北约这一军事组织是约束希腊和土耳其的团结力量。由于军事在希、土两国政府中都占据主导地位,所以北约尤其重要。作为一个防御同盟,北约帮助降低了两个成员国之间发生暴力冲突的风险。北约也提供平台,希、土两国官员差不多被迫坐在一起商谈解决办法。根据北约1956年通过的程序,两国都致力于在北约内部和平解决它们之间的所有争端。正如我们所看到的,塞浦路斯代表的缺席在多个方面限制了北约的影响力,但也可能加强了希腊和土耳其之间脆弱的联系,使谈判得以继续进行。

欧洲人权委员会的作用则与北约大不相同。在1958年和1967年的决策中,人权委员会的程序被用来向决策政府施压。在第一个决策中,希腊启动了反对英国的机制;在第二个决策中,委员会的全部工作都是针对希腊的。在每种情况下,受调查的政府都处于守势,因为人权委员会一旦受理案件,就具有独立的权力,并且一旦裁定该政府违反了《人权公约》,就可能产生不利的舆论后果。

如果说有一个主题可以把这四项国家决策联系起来,那就是条约权利和义务。英国20世纪50年代的决策主要依据的是《洛桑协定》,土耳其20世纪60年代的决策依据的是《苏黎世-伦敦协定》。国际法上最基本的原则是国家之间的协定必须得到尊重。然而,该原则的表述往往表现为对诚信的肯定,而不是对国际法基本结构所固有的原则的肯定。阅读一些发展中国家的法律理论家的观点会清晰地感觉到,他们为承诺遵守包括条约必守在内的规范设置了限制,而这些规范早在这些国家诞生之前就已经成熟了。安理会对20世纪60年代的塞浦路斯危机的考量同此前10年间的联大一样,并没有明确肯定这一原则。绝大多数联合国会员国的结论是,1960年的条约体系不足以满足塞浦路斯目前的需要。但是,从安理会和联合国大会的辩论中能感觉到着手点就是现有的条约体系。1967年以后,这意味着不能仅仅以1960年条约不再使缔约双方满意为由而拒绝承认这些条约,就如同没有英国的同意就不能终止《洛桑协定》一样。

当把这四项决策放在一起观察时,国际法制度最显著的缺点就显露无遗:它没有成功地发展出任何秩序化的条约修改制度。可能会有人说,在整个20世纪50年代,修订《洛桑协定》的国际程序一直在进行,最终导向苏黎世-伦敦会议的召开。20世纪60年代,这些会议签署的条约可能也发生了同样的情况。然而,这些条约修改的程序是混乱而令人困惑的——如果它们可以被称为程序的话。任何一个有秩序的程序都不会强迫国际条约的缔约国之一接受另一缔约国"坐下来一起真诚地重新谈判修改该条约"的要求。一种令人信服的情况可能是这种谈判义务对整个条约制度以及联合国维持和平的根本目标都是必要的。面对外部的及内部的各种刺激,各国的利益、态度和判断不可避免地会随着时间的推移而变化,并且如果国际条约代表的是可行的共同事业,则不能永久地排除条约条款的变更。条约条款越具体,期限越长,缔约国一方最终违约的风险就越大,除非在条约中纳入诚信谈判修订条约的义务。

如果这项义务能够得到履行,那么就不应低估其重要性。当法律制度不愿规定商谈(bargain)的实质内容时,提出诚信商谈的要求这种做法在英美国内法中一直非常有用,没有理由说在国际事务中它就没什么用。当然,问题是履行条约修改义务的环境能否施加必要的压力,促使缔约国采取行动来履行义务。显然,目前来看,不会有国际版的美国国家劳工关系委员会(National

Labor Relations Board of the United States）。但是，随着时间的推移观察这四项决策，看来有越来越多未直接卷入塞浦路斯危机的国家认为，危机各方有责任本着诚信进行谈判。即便不只是"对人类意见的体面尊重"，塞浦路斯危机的当事国在国际生存的众多方面对与危机之外的其他国家合作的依赖，迟早也可能使危机各方承认这一责任。

阅读联合国最近关于这场危机的辩论记录，能感觉到绝大多数国家都认为，1960 年条约的缔约国至少应该负有诚信商谈修改条约的义务。然而，此前还没有设计出机制来执行它。现在这种机制可以在《联合国宪章》中找到。安理会可根据《联合国宪章》第 6 章采取行动，提出"适当的调整程序或方法"。安理会还可以根据《联合国宪章》第 7 章就条约修订程序做出有约束力的决议，并可通过适当的制裁手段予以执行。但是，尚难以想象安理会未来会比过去更多地使用这一强制性权力。

当然，在某种程度上，就修改条约重新进行谈判所面对的问题，是国家在国际事务决策中固有的难题。分析四项决策中的每一项决策，都会发现决策者承受着来自国外的巨大压力。但决策的焦点是一个国家，而不是一群国家。这种差异可能只是程度上的差异。英国在 1958 年的决策和十年后希腊的决策实际上都是外界强加给他们的。此外，安理会对塞浦路斯危机的考虑表明，随着时间的推移，安理会的审议会产生经过深思熟虑的集体判断，而且也会使这些判断随着事态的发展而改变。从安理会对塞浦路斯危机看似无休止的讨论中可以发现，在一段较长的时期内，人们对体现一个合作机构的运作和超越单个成员国决策程序的理解似乎得到了发展。尽管如此，这些共识尚未转变为有秩序地修改 1960 年条约的具体步骤。

　　国际法律制度的第二个主要缺点——缺少使国家政府以外的群体参与绝大多数国际机构的程序——使问题更加突出。在对英国 1958 年决策的分析中,这个问题显而易见,没有一个能让希腊族塞浦路斯人或土耳其族塞浦路斯人有权发言的国际平台。结果,这两个民族被迫通过他们的"母国"("parent"country)——希腊和土耳其发声。这不可避免会歪曲两个民族的立场,并使他们更加亲近其发言人。这反过来可能阻碍他们接受可能符合他们利益但其发言人不能接受的解决方案。在 20 世纪 60 年代的整个三项决策中,土耳其族塞浦路斯人一般通过其资助人土耳其政府在联合国和其他国际机构中出现,造成了类似的扭曲后果。没人能肯定地说出如果国际法律制度的这些缺点得到纠正将会发生什么。即使在今天,虽然支持殖民地人民诉求的法律规范可能已得到更广泛的接受,但却没有向殖民国家施加压力,迫使他们直接同殖民地人民谈判的国际场所。随着殖民地的消失,根本问题正在逐渐消逝。但是,塞浦路斯事件是一个法律规范和制度未能在殖民地和殖民者之间的关系中提供一种可行的非暴力解决办法的主要例子。

　　国际法律制度的这些缺陷也常常导致一些稀奇古怪、混杂在一起的论断:国际法不存在;国际法能以某种方式带来世界和平。本研究的结论是,这两种论断都是错误的。法律的确在国际舞台上起着影响国家决策的作用。尽管单靠法律永远不会比带来国内和平更多地带来世界和平,但其局限性不应遮蔽它的现实存在。

附录

评论

路易斯·亨金[1]

欧利希教授对国际法在四项决策中所发挥的不同作用进行了尽可能多的揭示,而这些决策是他从近些年来错综复杂的塞浦路斯历史中摘取出来以供研究的。他开展的这项诱人的项目令人印象深刻,我画上重点并加上了几个脚注。[2]

当然,正如在任何国际争议中一样,国际法和国际法律制度在塞浦路斯案中始终都是无处不在的:它们提供舞台,它们帮助确定参与者、武器和规则,它们塑造行动。参与者都是主权国家,一个法律概念,一个渴望拥有主权地位的实体,而这些问题确实触及到了主权的核心。武器是外交手段(不幸的是其包含军队),其中包括主张和否认法律权利和义务。规则包括条约必须

---

[1] 哥伦比亚大学法学院,汉密尔顿·菲什(Hamilton Fish)国际法和外交学教授。
[2] 我在《国家如何行为:法律和对外政策》(1968年版)(*How Nations Behave: Law and Foreign Policy*[1968])一书中详尽地论述了这一一般主题。

遵守（以及对条约神圣性例外的主张）、主权领土不容侵犯、联合国宪章禁止使用武力的法律；有人还会加上自决原则。

欧利希教授讲述了国际法如何塑造和修改各国政府对其国家利益的看法，以及他们在追求这些利益时所制定的政策的看法。为了增添一个视角，我舍弃欧利希教授使用的年代叙事写法，代之以一种不同的逻辑：通过研究塞浦路斯这个案例，可以看到法律在实践中的不同运用。无疑，在两次危机之间，塞浦路斯揭示了法律的主要目的是约束和修改各国的行为。在某种程度上，也许是"文化适应"（"acculturation"）和心理抑制（psychological inhibition），让官员们甚至无暇考虑严重违反国际义务。当然，在更大程度上，在或多或少自觉评估成本和优势之后，各国政府遵守了它们的义务，因为违反义务的后果似乎会得不偿失。法律对受害者反应的影响增强了法律的约束力：当受害者认为自己在法律上受到了委屈时，他会做出反应，或者更大的反应，当然，这种反应背后的期望有助于阻止违法行为。

国际关系中存在法律约束，但遗憾的是，难以观察和分析法律的约束功能。人们通常只知道可能的行动没有采取；有时，人们可以得出这样的结论：政府采取行动可以基于自身的能力、利益和诱惑。在限制行动的各种力量中，无法估量法律所起的作用有多大。证据通常是不可得的，说到底，确凿的证据并不存在，即便有人确实得以接触所有记录，即便当事者和盘托出，人们也不能确信已洞悉官方行为的真实原因。然而，那些参与或研究过政府程序的人证实，他们确信法律以某些方式一定程度上限制了政府行为。法律常常阻止被禁止的行为；当法律不完全阻止时，可能它会推迟、修改行为或在备选方案中做出选择。

当英国准备放弃塞浦路斯时,土耳其和希腊都有占领它的利益所在,并且土耳其可能也有能力这样做。两国都缺乏令人信服的法律基础来宣称对该岛拥有主权,这使得任何一方试图夺取该岛的努力都很有可能遭到抵制。此外,《联合国宪章》这一法律以及任何违反联合国的行为都要承担责任的近乎必然性,增加了单方占领的成本;它还使使用武力的规模比各国政府为实现其目标而准备使用武力的规模小得多。然后,反对使用武力的法律鼓励和允许在一定时间和范围内进行外交活动。在欧利希教授分析的第二个"案例"中,大主教马卡里奥斯的犹豫、选择和决策也以不同的方式体现了法律的约束和修改作用。

在促成《苏黎世-伦敦协定》的谈判中,也可以发现微妙而复杂的法律运作。毫无疑问,土耳其意识到对使用武力的一般限制,因此,它在1960年条约中寻求在某些方面解除这些限制,甚至在如果使用武力变得"必要"时,为使用武力寻求肯定的法律支持——因此有《保证条约》第4条的规定。无论国际律师是否会得出结论认为《保证条约》第4条有或者没有授权使用武力,无论根据《联合国宪章》的禁止性规定,该条款是否是有效,该条款的效力至少会导致适用法律的不确定,削弱法律的威慑力,软化那些受土耳其可能采取的行动的影响者的反对和回应,尤其是因为他们已经同意该条款。毫无疑问,1960年条约也给了土耳其官员一种他们有行动权利的感觉,而这种感觉远比《联合国宪章》灌输的"负罪感"强烈。它尤其鼓励那种最不可能被制止的行为(即使是非法的),即一次性行为——炸弹袭击,这种行为做出就无法变更,达到了不可撤销的目的,有别于允许部队聚集起来的持续行动。

欧利希教授分析的第一个"案例",即英国放弃塞浦路斯主权的决策,显示了法律在支持政策方面的不同用途。当然,一国政府对其权利的看法将决定其政策。英国认为,根据1878年条约和1923年条约,它对塞浦路斯享有主权,这种观点是其做出保留塞浦路斯(为其殖民地)的政策的原因之一,同时为此政策提供了支持:无论是政府还是个人,都有一种倾向,即他们希望保留自己拥有的东西,并相信这样做是正确的,而回避面对希望它同意改变的理由。但是,那些探索有关法律及其使用经验的人可能还会问,英国人是否认识到,一项确认殖民关系的条约的法律力量正迅速被一项新的自决"原则"侵蚀。有人会把这种情况看作是国际法的一种变化,塞浦路斯的例子显示了如下经验:不同的法律在不同的政治体制下有不同的变化速度,政府对变化有不同的看法,显然就会对变化有不同程度的欢迎或抵制。

另一些人会怀疑"自决"是否是国际法的原则。如果是,塞浦路斯的例子会有不同的经验,因为自决必定是一项爆炸性的政治原则,它削弱了法律(殖民条约)作为国际关系武器的力量。也许,自决对殖民条约的胜利应被看作法律对政治性国际组织,特别是联合国产生影响的一个特例。当然,联合国是由条约(《联合国宪章》)所创设的一个法律机构,其主要机构的权威来自《联合国宪章》,这些主要机构的宗旨很大程度上是履行条约规定的法律义务,而且它们经常自称致力于贯彻那些条约义务。但从另一个更深层次的意义上说,联合国是一个政治机构而非法律机构,它以政治方式处理法律义务。当法律和相关事实相当清晰时,联合国能做出的政治选择是有限的;当法律和相关事实不太清晰时,联合国会愈益自由地做出政治决定,提出或施加政治后果,而不是做出法律判决。

就我们的目的而言,很明显,无论法院如何评价殖民条约的约束力,或自决"原则"的法律性质,联合国都将对破坏西方在亚洲或非洲的殖民条约施加实质性影响。因此,实事求是地讲,英国不能指望根据殖民条约坚持自己的法律立场。作为一种策略,英国可能会说自己永远不会屈服,但即使是为了讨价还价,它也难以在已经开始发生变化的环境中站住脚。在被迫采取行动的情况下,英国有效地寻求了法律对一个不同立场的支持,该立场包含在1960年条约中,更多地关注两个相关政治领域的现实:1960年条约将希腊和土耳其捆绑在一起,并通过北约和联合国大幅解除了它们的武装。但是,1960年解决方案创设了一个主权国家塞浦路斯,一个在联合国必然拥有地位和话语权的法律实体,一个没有有效摆脱条约挑战的国家。该条约可能被视为不符合"自决"或一些在联合国特别盛行的时代精神中至为重要的相关原则。

1960年条约也是法律创造力的一个例子,利用巧妙的法律机制来摆脱新政治效应带来的困境。但这种精巧的机制并不总是奏效,尤其是当它寻求满足不一致的多项"原则"(塞浦路斯主张自决原则,外部的土耳其拒绝认可),而其中一项原则在政治上占优势时。

欧利希教授分析的最后一个案例表明,法律处在一个不那么重要但仍然有趣的位置:它提供了一种体面地接受失败,做出让步,特别是消除国内反对意见的方式。在许多国家,很少有"我们有义务这么做"的解释不能平息绝大多数反对意见的情况。

在所有案例中,人们都能看到法律被援引来为已经做的事情辩解。愤世嫉俗者嘲笑这种法律的使用,但其愤世嫉俗并非完全合理。各国政府认为，进行必要的辩护是对美德的敬意，也是对美德的促进：因为它们将不得不去为那些常常被迫去做且难以证明其合理性的事情提供正当性。

当然，想从塞浦路斯争端中得出法律在国际关系中是否存在影响的任何定论，都必须考虑塞浦路斯事件是否"典型"，如果是的话，是什么样的典型。当争端严重到需要使用武力和以战争相威胁时，表明国家的当前利益占了上风，已经顾不上违法成本和守法（以维持友好关系、良好声誉、稳定和秩序）能带来的长远利益了。然而，令人高兴的是，各国为之而战的目标已经发生了变化。塞浦路斯争端主要是两个国家之间的争端，这两个国家在一个一体化联盟中相互联系，这不可避免地改变了在争端中发挥作用的各种力量，包括法律的力量。塞浦路斯争端因其罕见的国内和国际问题的混合而变得更加复杂：依据一项国际条约建立一个新的国家，其宪法的主要方面只能通过新的国际条约加以修正，这是一种法律义务和法律机制的应用，而不能轻易概括或一般性地判断其效力。

当法律和政治专业的学生研究政治对法律的影响时，他们走向了一个不同的领域。当然，所有法律都是政治的产物，是各国通过制定法律而进一步推行其政策的产物。国际习惯法是一个神秘过程的特殊产物，这个过程中，各国的作为或是不作为、言语和态度，产生了法律。在国际关系的发展进程中，既有的习惯法和条约法都会被改变。我曾提到塞浦路斯事件也帮助修改了旧的法律，也许还制定了一些新的法律，但这一进程并没有结束，也不能因研究而中止，而且什么法律正在被制定，或者它将如何制定，并不总是很清楚或能取得一致看法。正如欧利希教授认为的，一些人可以从大主教摆脱 1960 条约的尝试中看到他对不平等条约是可废除的这一原则的贡献。塞浦路斯是否符合这一"原则"是有争议的:置于背景之下,希腊、土耳其和英国并没有极其不平等。塞浦路斯政府"不那么平等",但严格来说它不是协议的一方,而是协议的"后代"。塞浦路斯政府当时不存在,但非常希望能够存在,并且最后成功了(即使是有条件的),这并不表明"不平等"在某种意义上与欧利希教授提出的原则有关。大主教主张修改条约,看似较少基于当初谈判条约时实力的不对等,而更多的是基于"自决"在条约中的某些含义,因为该条约试图永久侵犯主权国家的政治独立。

欧利希教授在塞浦路斯危机中探索为有秩序地修改条约提供推动力的法律或机制。这是一种令人赞许但又是前路艰难的探索。除非条约各当事方已预计将修改条约,并就条约修改进行了约定,否则修改条约必然要求"情势变更"以豁免于"条约必须信守"。这种豁免原则上是允许的,但对试图赋予它具体内容,或是创设适用于所有条约的重要程序,我不抱希望。正如在国内法中采用不强制执行的司法政策一样,"情势变更原则"是一种特别依赖公正的发展和应用的原则。在国际社会中,豁免一般必须取决于条约当事各方自身,如果一个国家有时豁免另一个国家或同意修改条约,它就不可能承认法律强制这么做。在国际关系中,"真诚谈判"修改条约的一般义务,并不比现有的《联合国宪章》规定的和平解决一切国际争端的义务承诺更多。塞浦路斯危机可能确实表明,对于那些与某一"更高"原则或氛围相冲突的义务,条约修改将会到来,有关条约修改的谈判无疑不能被长期抵制。

索引

(按中文拼音顺序排列)

阿尔及利亚(Algeria),23n
埃德加·库尔(Edgar Kull)42n
埃及(Egypt),1,32,148,154
埃留特里奥斯·维尼泽洛斯(Eleutherios Venizelos),10
埃欧卡(EOKA),11-23,31
爱尔兰(Ireland),80n
安德烈亚斯·帕潘德里欧(Andreas Papandreou),93
安东尼·艾登(Anthony Eden),12,18,21,22
安东尼·莱斯特(Anthony Lester),53n
安卡拉(Ankara),土耳其(Turkey),85,102,111
安奈林·比万(Aneurin Bevan),12
奥地利(Austria),138n
《巴尔干半岛协议》(Balkan Pact),34

《巴格达条约》(Baghdad Pact),18
巴基斯坦(Pakistan),111
芭芭拉·卡斯尔(Mrs. Barbara Castle),16n
柏林封锁(Berlin Blockade),137
保皇党(royalist parties),(Greece),93
保罗·亨利·斯帕克(Paul Henry Spaak),35
保证国(Guarantor Powers),123,147;修改1960年条约(revision of 1960 Accords),38,39,51-9;土耳其军事干涉(Turkish military intervention),65-6,68-70,77,79-83,108,119
《保证条约》(Treaty of Guarantee),147,149;意诺西斯(enosis),38,96;修改宪法(revision of Constitution),38,46,51,52,54-8,

138；土耳其军事干涉（Turkish military intervention），65－86，101，150；第1条（Article I），68；第4条（Article IV）140，148；修改1960年条约（revision of 1960 Accords），51，57，59－60；使用武力（use of force），65－83，103，104，109，119，120，129－30，139。见保证国（Guarantor Powers）

北大西洋公约（North Atlantic Treaty），31n－32n

北大西洋公约组织（NATO），77，123－4，147，149－50；英国主权（British sovereignty），13，15－16，18，20，31－5，146；联合国秘书长（Secretary-General），15－16，31－5；三方委员会（Committee of Three），34；修改1960年条约（revision of 1960 Accords），54－7，59，131；维和部队（peacekeeping force），59，68；美国（U.S.），82，82；希腊撤军（Greek troop withdrawal），94，110－12

比塞大（Bizerta），47n

冰岛（Iceland），33

勃列日涅夫主义（Brezhnev doctrine），149

部长理事会（Council of Ministers），（Cyprus），37，43，44，91

朝鲜战争（Korean war），137n

诚信交易（good-faith bargaining），125，133，153

达格·哈默斯科约德（Dag Hammerskjold），154

大不列颠（Great Britain）1－2，144，146，152，157；放弃主权的决定（decision to relinquish sovereignty）2，3，7－36，39－40，117－30，137－8；殖民地（colonies of）2，26，29；下议院（House of Commons），7，12，19，58，145，147；中东司令部（Middle Eastern Command Headquarters），7－8，32；托利政府（Tory government）7－8；工党（Labour Party）8，20；在塞浦路斯的军事基地（bases on Cyprus），8，20，22，32，38，55，56，69，77；煽动叛乱法（sedition laws），10；塞浦路斯涉嫌暴行（alleged atrocities in Cyprus），15，30－1，124，152－3；修改1960年条约（revision of 1960 Accords），36，39－40，42，48，52，54－59，132，138－9；土耳其军事干涉（Turkish military intervention），61，65，68，71，74，75n，77－82，147；希腊撤军（Greek troop withdrawal），91，101，110

大西洋联盟（Atlantic Alliance），56，见北大西洋公约组织（NATO）

《大西洋宪章》（Atlantic Charter），8

大主教马卡里奥斯三世（Archbish-

155

op Makarios Ⅲ)：英国主权（British sovereignty），10－12，16，28，29；流放（exile of），22，30，33；修改1960年条约（revision of 1960 Accords），36－60，117，118，120，129，132－3，138－9，155；最高宪法法院（Supreme Constitutional Court），41－5；土耳其军事干涉（Turkish military intervention），62，63，65，66，68，70，87，119，140；希腊撤军（Greek troop withdrawal），91－114，139

德国（Germany），2

邓肯·桑迪斯（Duncan Sandys），59n

迪安·艾奇逊（Dean Acheson），95，96，101，137n

迪安·G.普鲁伊特（Dean G. Pruitt），135n

第四条（Article Ⅳ），见《保证条约》（Treaty of Guarantee）

东欧：援助希腊族塞浦路斯人（East Europe: aid to Greek Cypriots），121。按国家划分。

独立的自治市（separate municipalities），39，44－5，68

杜鲁门计划（Truman Plan），82－3

俄罗斯（Russia），2。见苏联（Soviet Union）

厄斯特·福斯多夫（Ernest Forsthoff），41－2

法国（France），23n，91，116n；比塞大（Bizerta），47n；突尼斯（Tunis），73n

法律（law）。见国内法（domestic law）；国际法（international law）

法律规范（legal norms），3－5，127，142，158－9。按主题划分。

法律条约（Law of Treaties）：公约草案（draft Convention on），49n，53n，75n

法律义务（legal obligation），124，128，131，132，145

法马古斯塔（Famagusta），塞浦路斯，99n

非洲（Africa），131

富兰克林·德拉诺·罗斯福（Franklin D. Roosevelt），8

刚果共和国（Republic of the Congo），148，154；联合国部队驻扎期间（U.N. forces in），149，160

共产主义（communism），83－4

古巴导弹危机（Cuba: missile crisis in），58n，78，81n，140

国际法（international law）：作用（roles of），4－6，142－4，152－60；英国主权（British sovereignty），21－4，117－18，120，130－1，138；条约神圣（sanctity of treaties），21，117－18，121，124，128；条约修改（treaty revision），21，53，54，124－6，133；主权（sovereignty）21，117－18，128；修改1960年条约（revision of 1960 Accords），41，46，118，120，

138-9；土耳其军事干涉（Turkish military intervention），64，66，75n，119-21，140；希腊撤军（Greek troop withdrawal），90-1，119-20，131，140-41；限制权力（restraining power），128-9；政治（politics），132；分析框架（analytical framework）134-7；修辞（rhetoric），144，145；政策（policy），144-5；区域行动（regional action），147-51。见国际机构（international institutions）；规范（norms）；合法（legal）

国际法委员会（International Law Commission），5；条约法公约草案（draft Convention on Law of Treaties），49，53n，75n

国际法院（International Court of Justice），5，148，154，160

国际机构（international institutions），3-5，121，126-7，142，146，157；条约修改（treaty revision），54；法律（laws of），144，152；见欧洲人权委员会（（European Commission on Human Rights）；北大西洋公约组织（NATO）；联合国（United Nations）

国际联盟（League of Nations），73n，146

国民警卫队（National Guard），（Cyprus），62，113；袭击土耳其族塞浦路斯人（attack against Turkish Cypriots），90，97，98；希腊军队（Greek troops），103

哈里·S.杜鲁门（Harry S. Truman），150-1

韩国（Korea），137，145，150

合法权利（legal rights），128，139，152，157

何塞·罗兹-班尼特（Jose Rolz-Bennett），111，112

《华沙条约》（Warsaw Pact），149

基本权利法案建议稿（proposed Code of Fundamental Rights），塞浦路斯，91-2

基隆先生（Mr. Kyron），14n

基普里亚努先生（Mr. Kyprianou），71，72，75n，77

加洛·普拉萨·拉索先生（Mr. Galo Plaza Lasso），10n，95，99n，117，123

加拿大（Canada），110

《塞浦路斯建国条约》（Treaty of Establishment），38，51，55，58，69，74n

捷克斯洛伐克（Czechoslovakia），109

《经济学人》（The Economist），104

君士坦丁国王（King Constantine），93-4

卡拉曼利斯先生（Mr. Karamanlis），36

《凯洛格-布里安条约》（Kellogg-Briand pact），146，153

科孚海峡案（Corfu Channel

Case),75n

克里特岛公民暴动(Crete: civil insurrection in),3

肯尼斯·博尔丁(Kenneth Boulding),135

恐怖主义活动(terrorist activities),19,20,35,62-3;埃欧卡(EOKA),11-23,31

库楚克博士(Dr. Kutchuk),39-47

库拉尔(Mr. Kural),71

拉德克里夫的建议(Radcliffe proposals),19

莱斯特·鲍尔斯·皮尔逊(Lester Bowles Pearson),110,111

《里约热内卢条约》(Rio Treaty),78,79,81n

联合国(United Nations),5,121-7,10-1,146,150-5;维和部队(peacekeeping forces of),3,60,80-2,86-93,97-8,103-6,110,113-16,122-3,140,151,154;英国主权(British sovereignty),7,8,10n,11,16,18-19,22,35,118,139;修改1960年条约(revision of 1960 Accords),41,46,47,52-6,59,118;主权平等(sovereign equality),53,74,74n-75n;土耳其军事干涉(Turkish military intervention),61-3,65-7,74,80-9,39-40,147;联合国开支案(Expenses Case),69n,81n,148,149,154;旧金山会议(San Francisco, Conference),73n,74,75n,78;目标(Purpose of),75-6,79,80,125,151;联合国秘书长(Secretary-General),80,81,90,91,97-9,103,104,113-15,120,123,140,153,154;希腊撤军(Greek troop withdrawal),91-3,97-9,103-6,110,113-16。见联合国大会(General Assembly);联合国安全理事会(Security Council);《联合国宪章》(United Nations Charter)

联合国安全理事会(Security Council (of U.N.)),121-4,140,145,147-51,159;修改1960年条约(revision of 1960 Accords),55,57-8,59n,60,118,126;土耳其军事干涉(Turkish military intervention),61,64-7,70-2,73n,75n,76-8,80-1,85-8;希腊撤军(Greek troop withdrawal),91,93,100,104,106,113-16;台湾(Formosa),137n

联合国大会(General Assembly of U.N.)49n,121,123,139,160;英国放弃主权(relinquishment of British sovereignty),12-16,18,23-30,32,35,118;土耳其军事干涉(Turkish military intervention),65,73n,74n,76,78,140;"为和平解决而团结"('Uniting for Peace Resolution'),78;1965

年关于塞浦路斯的决议（1965 resolution on Cyprus）101,159

联合国紧急部队（UNEF, United Nations Emergency Force），在中东地区,149,154,160

联合国旧金山会议（San Francisco Conference）,73n,74,75n,78

联合国开支案（Expenses Case [Certain Expenses of the United Nations]）69n, 81n, 148, 149,154

《联合国宪章》（United Nations Charter）,55,126-33,146,153；民族自决（self-determination）,4,13-14,15,19,47n；英国主权（British sovereignty）,13-27,33,118；区域安排（regional arrangements）,58,77-81,147-51；土耳其军事干涉（Turkish military intervention）,65-87,119,129-30；希腊撤军（Greek troop withdrawal）,101,103,116n

第四章（Chapter IV）,153

第五章（Chapter V）,153

第六章（Chapter VI）,126,153

第七章（Chapter VII）,65,126,148,149,153

第八章（Chapter VIII）,58,77-81,147

第十五章（Chapter XV）,153

第十一章（Chapter XI）,153

第1条第1款（Article 1[1]）,151

第1条第2款（Article 1[2]）,13-14

第1条第12款（Article 1[12]）,14

第2条（Article 2）,74n

第2条第1款（Article 2[1]）,69n,72,73n,74n,76n,101

第2条第2款（Article 2[2]）,153

第2条第3款（Article 2[3]）,153

第2条第4款（Article 2[4]）,69n,72,73n,75n,76,80,101,149,151,153

第2条第7款（Article 2[7]）,17,23,24,26,118

第27条第3款（Article 27[3]）,150

第33条（Article 33）,153

第41条（Article 41）,148

第51条（Article 51）,32,66-7,76,87,150,151

第52条（Article 52）,147

第53条（Article 53）,81,147-51

第73条（Article 73）,23,27

第103条（Article 103）,72,72n-73n

《联合国宪章》执行行动:（enforcement action: and U. N. Charter）,58n,81,148-51

联合国驻刚果部队（ONUC, United Nations Forces in the Congo）,149,160

联合国驻塞浦路斯部队（UNFICYP, United Nations Force in Cyprus）,3,122-3,154；土耳其军

事干涉（Turkish military intervention），80－2，86－93，140，151；希腊撤军（Greek troop withdrawal），97－8，103－6，110，113－16

《联盟条约》（Treaty of Alliance），38，51，58；塞浦路斯政府（Cypriot government），46n，107－9；希腊军队（Greek troops），69，87，90，103，106，109，113；补充协议（agreement to supplementary），107；外交部长委员会（Committee of Foreign Ministers），108

林登·B.约翰逊（Lyndon B. Johnson），94，95，110，111；起诉土耳其（appeal to Turkey），64，83，85，100

伦敦（London）：1955年会议举办地（1955 conference in）；1959年会议举办地（1959 conference in），36，47，50，52，96，102，120，125。见《苏黎世－伦敦协定》（Zurich-London Accords）

罗伯特·H.斯蒂芬斯（Robert H. Stephens），46n

罗伯特·菲利莫尔（Robert Phillimore），78n－79n

罗杰·菲舍尔（Roger Fisher），136，142，156，158

罗西兹（Mr. Rossides），70－1

《洛迦诺条约》（Treaty of Locarno），78

《洛桑协定》（Treaty of Lausanne），19，52，93，125；英国对塞浦路斯的主权（British sovereignty over Cyprus），2，18，21，25，124，138

麦克米伦计划（Macmillan Plan），28n，35

麦克奈尔勋爵（Lord McNair），21，49n

曼德列斯（Mr. Menderes），36，48，100

曼利奥·布罗西奥（Manlio Brosio），111，112

美国（United States of America），122，146－7，150－1；英国主权（British sovereignty），20，33，34；修改1960年条约（revision of 1960 Accords），55，56，59；古巴（Cuba），58n，78，81n，140；多米尼加共和国（Dominican Republic），67n，137，150；土耳其军事干涉（Turkish military intervention），78，82－6；援助土耳其（aid to Turkey），82－5，110，121，137；援助希腊（aid to Greece），82－3，84n，94，110，121，137；希腊撤军（Greek troop withdrawal），91，94，99－101，110－13；国家劳工关系委员会（National Labor Relations Board），125；在中南半岛（in Indochina），145；在韩国（in Korea），145；区域行动（regional actions），150；美国最高法院（Supreme Court of），151；被提及（mentioned）123，135n，159

美国国家劳工关系委员会(National Labor Relations Board [U.S.]),125

美洲国家组织(O. A. S. Organizations of American States),79n,81n,150

美洲制度(Inter-American System),见美洲国家组织(Organizations of American States)

《美洲相互援助条约》(Inter-American Treaty of Reciprocal Assistance),78,79,81n

民族自决(self-determination),4-5,47n,144;塞浦路斯民族自决(of Cyprus),5,8,13-16,19,24-9,33,110,118,128,130-2,138;《大西洋宪章》(Atlantic Charter),8;被提及(mentioned)52,145

莫里斯·哈罗德·麦克米伦(M. Harold Macmillan),28,35,04

希腊穆斯林:(Moslems: in Greece),93

纳丁(Mr. Nutting)14n

南斯拉夫(Yugoslavia),34

尼科西亚(Nicosia),45,99n,107,111

挪威(Norway),94

欧洲(Europe),121,149。按国家划分。

欧洲经济共同体(共同市场)(European Economic Community)(Common Market),94,149

欧洲理事会(Council of Europe),30-1

欧洲人权委员会(European Commission on Human Rights),16-17,30-1,94,123,124,152

帕帕戈斯元帅(Field-Marshal Papagos),12

苏联(Soviet Union)122,147,150;英国主权(British sovereignty),18,34;修改1960年条约(revision of 1960 Accords),52,54,56,57,59,138;土耳其军事干涉(Turkish military intervention),64,72,78,82,83,85;希腊撤军(Greek troop withdrawal),91-4,101,103,109,116n;援助希腊族塞浦路斯人(aid to Greek Cypriots),121

乔治·格里瓦斯(George Grivas),11,12,51n,62,90,96-8,104-6

乔治·帕潘德里欧(George Papandreou),93-4,95

情势变迁原则(*rebus sic stantibus*),53,133,155

区域安排(regional arrangements),58,77-9,81,147-51

人民党(土耳其)(People's Party),(Turkey),48-9

日本(Japan)137n

瑞典(Sweden),94

塞尔维亚(Serbia),9

塞尔温·劳埃德(Selwyn Lloyd),

32

塞勒斯·万斯(Cyrus Vance),111-14

塞浦路斯(Cyprus):殖民地时期(as colony),1-3,7-35,42,48,146;意诺西斯时期(enosis),2,7-19,24,26,28-94,90,92,95-6,102,106-7,109,118;独立(independence of),2,7,8,10,29,30,35,36,52,146;民族自决(self-determination of),5,8,13-16,19,24-9,33,110,118,128,130-2,138,145;分立时期(partition of)19,26-9,35,62,80n,92-100,109,118

塞浦路斯柯克那-曼苏拉地区(Kokkina-Mansoura area)(Cyprus),62,64,67,82,88,89

塞浦路斯安全部队(Security forces[Cyprus]),37n,114

塞浦路斯分治(partition of Cyprus),19,26-9,92-100,118;马卡里奥斯(Makarios),95,109;被提及(mentioned)62,80n

塞浦路斯副总统(the Vice-President[Cyprus]),36n,37,39,91

塞浦路斯公共服务(public service)(Cyprus)。见塞浦路斯公务员(civil service)

塞浦路斯社区议会(Communal Chambers)(Cyprus),42n,44-5,97,98

塞浦路斯公务员(civil service)(Cyprus),37,39,43,44

塞浦路斯共和国(Republic of Cyprus),2-3;提议修订《苏黎世-伦敦协定》(proposed revision of Zurich-London settlement),3,36-60,103,117-29,132-3,137,138,145;主权平等(sovereign equality of),48,72;联合国会员国(as U.N. member),48,52,75n,131;土耳其军事干涉(Turkish military intervention),61-77,80,82,86,88,102,123,140n;希腊撤军(Greek troop withdrawal),90-2,96-102,106-9,111,114,123

《塞浦路斯共和国宪法》(Constitution of the Republic of Cyprus),92,132;宪法修正案(revision of),36-8,46,51-4,57,60,118,120,138;最高宪法法院(Supreme constitutional Court),41-4;《保证条约》(Treaty of Guarantee),68,79,138

塞浦路斯国民警卫队(Cypriot National Guard)。见国民警卫队(National Guard)

塞浦路斯军队(Army)(Cyprus),37,39,43

塞浦路斯收入(income)(Cyprus);人均收入(per capita),1;税(tax on),43

塞浦路斯众议院(House of Representatives)(Cyprus),28n,36n,

37,42n-43n,45,91;众议院的独立多数派(separate majorities in),39,44

塞浦路斯总检察长(Attorney-General)(Cyprus),37

塞浦路斯总统(president, the [Cyprus]),36n,37,39,91

塞浦路斯最高宪法法院(Supreme Constitutional Court [Cyprus]),41-5

阿伊欧斯特耶德霍洛斯(Ayios Theodhoros)(Cyprus),97-8

石油(oil),7,18,77

使用武力(use of force),67,122,18,129;《保证条约》第4条(Article IV of Treaty of Guarantee),65-83,10,104,109,119,120,129-30,139;《联合国宪章》(U.N. Charter),129-30,148,151,154

《世界人权宣言》(Universal Declaration of Human Rights),92

税收(taxation),39,43,44

莫斯科四国声明(Four-Power declaration at Moscow),73n

苏黎世(Zurich):1959年会议(1959 conference in),8,30,31,36,47,50,52,96,102,125。见《苏黎世-伦敦协定》(Zurich-London Accords)

《苏黎世-伦敦协定》(Zurich-London Accords),2-3,8,124-6,129;建议修订《苏黎世-伦敦协定》(proposed revisions of),36-60,103,118,145;土耳其族塞浦路斯少数群体(Turkish Cypriot minority),69,79,99,101-2,104,121;希腊撤军(Greek troop withdrawal),90,99,107,112,119-20。见《联盟条约》(Treaty of Alliance);《塞浦路斯共和国宪法》(Constitution of the Republic of Cyprus);《塞浦路斯建国条约》(Treaty of Establishment);《保证条约》(Treaty of Guarantee)。

苏纳伊将军(General Sunay),100

苏伊士危机(Suez crisis),7,20,56,137,138

《泰晤士报》(伦敦)(The Times (London)),105

条约(treaties),135,136,144,153;条约神圣(sanctity of),21,117-18,121,124,128;有约必守原则(pacta sunt servanda),21,47,124,128,133;条约修改(revision of),21,51,53,54,57,124-6,133,145;"不平等条约"('unequal'),46-8,50,74n,132-3,155;强制(coercion),47-9,52;情势变迁原则(rebus sic stantibus),53,133,155;条约条款不明确(ambiguous provisions of),69n;条约的保证(of guarantee),78n-79n;殖民(colonial),130,137。按条约名称划分。

163

铜(copper),1

突尼斯(Tunis):和法国(France),73n

土耳其(Turkey),2,123,144,146,147;《洛桑协定》(Treaty of Lausanne),2,93,138;轰炸塞浦路斯的决策(decision to bomb Cyprus),3,61-89,117,119-21,124-7,137,149-40,147,150-1;英国主权(British sovereignty),8,10,13,15,18-19,24-9,118;修改1960年条约(revision of 1960 Accords),31-40,45-59,129-32,138;民主党(Democratic Party in),48;红新月会(Red Crescent),62,100;美国的援助(U.S. aid),82-5,110,121,137;苏联(Soviet Union),85;希腊撤军(Greek troop withdrawal),90-116,140-1;在土耳其的希腊东正教(Greek Orthodox religion in),93

(塞浦路斯)土耳其族社区议会(Turkish Communal Chamber [Cyprus]),44-5,97,98

土耳其族塞浦路斯人(Turkish Cypriots),1-3,123,126-7;英国主权(British sovereignty),7,16,18-19,24,26-7,29;修改1960年条约(revision of 1960 Accords),36-54,59,139n,157;土耳其军事干涉(Turkish military intervention),61-72,79,82,86-9,119;希腊撤军(Greek troop withdrawal),90-2,95-101,104-6,109,110

托利政府(英国)(Tory government [Great Britain]),7-8

托马斯·C.谢林(Thomas C. Schelling),136n

维和部队(peacekeeping forces)。见联合国(United Nations)

温斯顿·丘吉尔(Winston Churchill),8

吴丹(U Thant)90,91,97-9,103,104,111,113-15,120,123,154

西欧的区域机构(Western Europe:regional institutions in),149。按国家划分。

希腊(Greece),123,129,144,146;古希腊(ancient),1,9;《洛桑协定》(Treaty of Lausanne),2,93,138;意诺西斯(enosis),2,17-19,24,26,28-9,34,90,92,95-6,102,106,107,109;撤军的决定(decision to withdraw troops),3,90-121,124-7,131,137-41;英国主权(British sovereignty),7-35;宗教(religion),10,93;集会党(Rally Party),12;指控英国的暴行(alleged British atrocities),15,30-1,124,152-3;修改1960年条约(revision of 1960 Accords),36,38-40,48,50-7,131,132;土耳其军事干涉(Turkish military intervention), 62, 63, 65, 68 - 77, 80n, 87; 美国的援助(U. S. aid to), 82 - 3, 84n, 94, 110, 121, 137; 穆斯林(Moslems), 93; 保皇党(royalist parties of), 93; 1967年政变(1967 coup), 93 - 5, 110; 与土耳其的峰会(summit talks with Turkey), 102, 109

希腊东正教教堂(Greek Orthodox Church), 10, 93

希腊中间联盟党(Centre Union Party)(Greece), 93

希腊族塞浦路斯警察(Greek Cypriot Police), 97, 105, 113

希腊族塞浦路斯人(Greek Cypriots), 1 - 3; 英国主权(British sovereignty), 9 - 12, 19 - 29, 33, 126; 修改1960年条约(revision of 1960 Accords), 36 - 60, 117; 土耳其军事干涉(Turkish military intervention), 61 - 8, 88, 123; 希腊撤军(Greek troop withdrawal), 90, 91, 95 - 7, 99, 101, 106, 114

雅典(Athens), 110, 111

亚洲(Asia), 131, 按国家划分

伊拉克革命(Iraqi revolution), 20

伊诺努(Mr. Inonu), 49, 63, 64, 83, 85

伊斯坦布尔(Istanbul), 93

伊兹密尔(Izmir), 32, 33

意诺西斯(enosis): 定义(defined), 2; 英国主权(British sovereignty) 7 - 16, 24, 26, 28 - 9, 34; 土耳其的反对(Turkish opposition), 18, 19, 92, 118; 希腊撤军(Greek troop withdrawal) 90, 95 - 6, 102, 106, 107, 109

印度(India), 15, 29, 111

《英埃条约》(Anglo-Egyptian Treaty), 32

英国(England), 见大不列颠(Great Britain)

英国工党(Labour Party) 8, 20

英国下议院(House of Commons), (Great Britain), 7, 12, 19, 58, 145, 147

有约必守原则(pacta sunt servanda), 21, 47, 124, 128, 133

约翰·哈丁(John Harding), 22

越南(Vietnam), 137, 144

征兵(military conscription), 62

正义党(土耳其)(Justice Party)(Turkey), 48, 63, 100

殖民主义(colonialism) 20 - 9, 127, 130 - 1, 136, 138 - 9, 153。见民族自决(self-determination)

中东(Middle East), 32, 138, 154; 石油(oil), 18, 77; 联合国部队驻扎期间(U. N. forces in), 149, 154, 160。按国家划分。

中东司令部(英国)(Middle Eastern Command Headquarters)(British) 7 - 8, 32

中立法(law of neutrality), 144, 155

中南半岛(Indochina); 及U.

S., 145

主权(sovereignty), 21, 117 – 18, 128, 144; 塞浦路斯主权(Cyprus), 2, 7 – 8, 13, 15, 16, 131; 英国放弃主权(British relinquishment of), 2, 3, 7 – 35, 39 – 40, 117 – 30, 137 – 8

主权平等(sovereign equality): 定义(defined), 74n; 塞浦路斯主权平等(of Cyprus), 48, 72 – 3; 联合国会员国主权平等(of U. N. members), 53, 74, 74n – 75n; 马卡里奥斯(Makarios), 155

自卫(self-defence), 144; 土耳其声称的自卫(Turkish claim of), 66 – 7, 72, 86 – 8, 119; 《联合国宪章》(U. N. Charter), 76, 78, 150, 151

1960年条约(Accords of 1960), 见《苏黎世-伦敦协定》(Zurich-London Accords)

1963年圣诞节危机(Christmas Day crisis [1963]), 63, 90, 108

R. 希金斯(R. Higgins), 74n – 75n

VOLKAN, 土族塞浦路斯人的一个组织, 19

缩略语

Am. J. Int'l L.	American Journal of International Law;《美国国际法杂志》
Brit. Yb. Int'l L.	British Journal of International Law;《英国国际法杂志》
Chicago B. Record	Chicago Bar Record;芝加哥律师协会记录
Comnd.	British Command Papers;英国指挥部文件
Cyprus Bull.	Cyprus Bulletin;塞浦路斯公报
Dep't of State Bull.	Department of State Bulletin;国务院公报
H. C. Deb.	House of Commons Debates;下议院辩论
I. C. J.	International Court of Justice;国际法院
Int'l & Comp. L. Q.	International and Comparative Law Quarterly;《国际比较法季刊》
L. N. T. S.	League of Nations Treaty Series;国际联盟条约汇编
R. S. C. C.	Reports of the Supreme Constitutional Court of Cyprus;塞浦路斯最高宪法法院报告
Stan. L. Rev.	Stanford Law Review;《斯坦福大学法律评论》

T. I. A. S.	United States Treaties and Other International Agreements；美国条约和其他国际条约
Transact. Grot. Soc'y	Transactions of the Grotius Society；《格劳秀斯学会会刊》
U. Chi. L. Rev.	University of Chicago Law Review；《芝加哥大学法学评论》
U. N. Conf. Int'l Org. Docs.	Documents of the United Nations Conference on International Organization（1945）；联合国国际组织会议文件（1945年）
U. N. Doc.	United Nations Document；联合国文件
U. N. GAOR	United Nations General Assembly Official Records；联合国大会正式记录
U. N. SCOR	United Nations Security Council Official Records；联合国安理会正式记录
U. N. SCPR	United Nations Security Council Provisional Records；联合国安理会临时记录
U. N. T. S.	United Nations Treaty Series；联合国条约汇编